「授業構造図」でよくわかる!

小学校社会科
はじめての問題解決的な授業づくり

筑波大学附属小学校　山下 真一 著

明治図書

はじめに

　社会科は,「教師にとって教えにくい教科だ」とよく言われる。
　「指導内容が多い」「問題解決学習の指導が難しい」などとよく言われ,問題解決学習については,大切なことはわかるが,「計画を立てるのが面倒くさい」「時間がかかる」などの理由から避ける教師もいる。しかし,そもそも「学習問題」とは何か,「学習問題」をどのようにつくるとよいのかがわからないのが実状である。

　ここ何年かの社会情勢の中で,教育界では,基礎・基本の定着,言語活動の充実という教育課題が長く続いている。そのため,基礎・基本の定着というお墨付きの中で,かつて社会科が踏み間違えた,知識中心主義や獲得する知識の量を増やすことが指導の中心になっている傾向が伺える。また,言語活動の充実のため,話し合い活動を授業の中で重視するようになったが,蓋を開けてみれば,子どもの思い付きや単純な考えの受け答え,教師が正解を導くための学習展開に陥っていることが多い。
　社会の問題に対して,本質的なことについて話し合いを深めていないのが現状である。

　例えば,問題解決学習を行ったとしても,教師の立てた目標に沿って計画通りに行わなければならないと思う教師が増えている。また,子どもが問題意識をもてたかどうかを考えないで「学習問題」を示すこともある。特に驚くのには,授業のまとめの場面で,子どもに自分の考えをもたせるのではなく,テストの答え合わせのように,そのまとめを教師が"正解"として黒板に書いている教師がいることである。
　このように,教室が,かつての学び合う教室ではなく,塾のような教室に変わってしまった原因は,それらの教師が問題解決学習のパターンだけを理解して授業を行っていることにある。何のための問題解決学習か,「学習問題」が何なのかをきちんと理解せず,指導書に書いてあるからやっているというのが現状ではないだろうか。

　本書は,問題解決学習を始め,それとかかわる「学習問題」,教科書,指導案などについて,日ごろどうしたらよいかと悩んでいる教師に対して,何をするとよいかわかりやすく示した攻略本としてまとめてみた。この本を参考に,子どもがおもしろいと感じるような授業を展開していただけたら幸いである。
2016年2月

筑波大学附属小学校　山下　真一

もくじ

はじめに

第1章
教師の腕の見せどころ！
子どもが夢中になる問題解決学習のポイント

1 子どもがアクティブになる！"学習問題"の設計術

① 社会科の授業と問題解決学習 …… 10
- 1 新しい時代に必要とされる問題解決学習
- 2 人気がない社会科？ 変わらない社会科？
- 3 問題解決学習のプロセス―子どもが主体的に動くしかけ

② 問題解決学習に欠かせない「学習問題」 …… 15
- 1 「学習問題」と「学習課題」 何が違うの？
- 2 「学習問題」をつくるのは子ども？ それとも教師？
- 3 「学習問題」は子ども1人でつくるもの？ クラスでつくるもの？

③ 子どもがアクティブになる「学習問題」づくりのポイント …… 20
- 1 押さえておきたい「学習問題」づくりのイロハ
  - 1 「混とん」の場面をつくる
  - 2 2つの段階（基礎編・応用編）を踏まえて「問い」をつくる
- 2 多様な予想を生かす「学習問題」の考え方
- 3 「どのような？」は△ 「なぜ？」の「問い」へ

2 一方的な知識伝達にしない！ "教科書" の活用術

① 教科書「を」教えるのではなく，教科書「で」教える ……… 31

② 教科書の構成を理解する ……… 32

③ 教科書の事例を上手に取り上げる ……… 34

④ 問題解決学習を進めるために ……… 36
　　① 「調べ学習」で教科書を活用する
　　② 「教科書を使わない」は△　効果的に活用する

⑤ 問題解決学習で教科書を活用するポイント ……… 38
　　① 教科書の "資料" を活用する
　　② 教科書から "学び方" を学ぶ
　　③ 教科書の "事例" と実際に学んだ地域を比べる

3 授業を絶対成功に導く！"指導案"の作成術

① よい指導案をつくる3つのポイント ———————————————— 40

② 子どもが「おもしろい」「知りたい」と思う教材を取り上げる ———— 41
   1 「おもしろさ」の原因
   2 子どもが活動に夢中になる条件
   3 子どもがおもしろい，教師がおもしろいと思う教材を用意する

③ 目標，「学習問題」，評価が一体となった授業（単元）を構成する ———— 45

④ 子どもの意識の流れをつなげた授業の流れをつくる ———————— 47

⑤ 授業構造図をつくる ————————————————————— 50

第2章
「授業構造図」でよくわかる！
問題解決的な授業プラン

3年

❶ 春日通りと千川通りのバス停の時刻表がちがうのはなぜだろう？
　　（学校のまわりのようす）·· 54

❷ なぜもちの形が家によってちがうのか？
　　（さぐってみよう　昔のくらし）·· 60

4年

❶ 自転車は歩道と車道のどちらを走るとよいのか？
　　（安全なまちをめざして）·· 66

❷ くまモンがこれほど人気なのはなぜか？
　　（47都道府県の名称と位置）·· 72

❸ なぜ高野さんは近くの河骨川を見て「春の小川」をつくったのだろう？
　　（わたしたちの東京都）··· 78

5年

❶ 世界の水不足に対して日本は自給率をあげると十分か？
　　（これからの食料生産） ……………………………………………………………… 84

❷ インターネットの記事は信用できるのだろうか？
　　（くらしを支える情報） ………………………………………………………………… 90

❸ 沖ノ鳥島は本当に島なのか？
　　（日本の国土） …………………………………………………………………………… 96

6年

❶ 大仏は何色だったのか？
　　（聖武天皇と奈良の大仏） ……………………………………………………………… 102

❷ 義経は壇ノ浦の戦いでどのように戦ったのか？
　　（源義経と壇ノ浦の戦い） ……………………………………………………………… 108

❸ 信長が仏教を弾圧したのは仏教がきらいだったからか？
　　（織田信長と石仏） ……………………………………………………………………… 114

第1章

教師の腕の見せどころ！
子どもが夢中になる問題解決学習のポイント

1 子どもがアクティブになる！"学習問題"の設計術

❶ 社会科の授業と問題解決学習

1 新しい時代に必要とされる問題解決学習

　社会科の授業は，問題解決学習と切っても切れない関係がある。それは，**社会科の授業そのものが，問題解決**だからである。

　社会科は，確かな社会認識を獲得し，公民的な資質の基礎を養う教科である。
　ただ，公民的な資質の基礎を養うためには，子どもが基本的な社会認識を理解しておくことが前提である。確かな社会認識がなければ，子どもは考えを深めることはできないからである。
　かつてこの知識重視が強調されたために，社会科は知識を教え込む学習が中心になった時期があった。しかし，社会科は，子どもが自ら問題意識をもち，知識を獲得していく学習スタイルである問題解決学習をより重視することにした。

　21世紀は，知識基盤社会化，グローバル化した時代と言われている。しかも，今，目の前にいる子どもたちは，この変化の激しい社会を乗り越えていかなければならないのである。
　そのためには，**基礎・基本を確実に身に付けることはもちろん，自ら課題を見つけ，自ら学び，自ら考え，主体的に判断し，よりよく問題を解決する資質・能力を身に付けていくことが必要**になる。

　次の学習指導要領改訂では，新しい時代に必要となる資質・能力の育成に向けて「何を教えるか」という知識の質や量の改善だけでなく，**「どのように学ぶか」という学びの質や深まりが重視される**と言う。つまり，子どもたちが基礎的な知識・技能を活用しながら，自ら課題を発見し，その解決に向けて主体的・協働的に探究することが求められているのである。

　したがって，**子どもの学びの質や深まりを考えるうえで，やはり問題解決学習は，学習指導の柱として重視される**のである。

社会科が教科の柱とする問題解決学習，そして，それによってはぐくまれる問題解決力は，これからの時代にも求められているのである。**問題解決学習を効果的に活用できるかどうかが，これからの教師にとって，大きな鍵になるのである。**

2　人気がない社会科？　変わらない社会科？

　新しい時代に必要とされる問題解決学習であるが，教育現場では，十分に行われていないという現状がある。これだけ問題解決学習の重要性が問われ続けているにもかかわらず，教師が知識を教えるタイプの授業はなくならないのである。
　その理由の1つには，

> 教師の世代交代によって，社会科の授業に情熱をもった教師が少なくなったから

が考えられる。

　2つには，

> ゆとり教育から基礎・基本の定着へ教育が大きく舵を切った結果，全国の学校の授業研究で国語科や算数科が中心になったから

である。
　そのために，社会科の授業研究は数えられる程度に減ってしまったことである。これまでに先輩たちが培った，社会科の授業方法を伝達していく場が失われていったのである。

　3つには，

> 社会科に内容教科という側面があるから

である。
　すなわち，とりあえず教科書を教えておけば，日々の授業はどうにかなるというのが社会科である。それは，社会科が苦手な教師が多いということである。そのために，公民的な資質の基礎とは何なのか，問題解決学習のやり方がわからない，「学習問題」をどのようにつくるとよいのか，など思っているにもかかわらず，日々の仕事が忙しく，教材を準備する時間もないので，とりあえず教科書を教えておこうということになるのである。

3 問題解決学習のプロセス―子どもが主体的に動くしかけ

ところで，問題解決学習とは何か。
それは，デューイに始まる問題解決学習を振り返ってみることが大切である。

デューイに始まる問題解決学習

問題解決学習の始まりは，マックマスター大学の付属の実験学校でアメリカの教育学者ジョン・デューイが，社会科の授業の中ではじめて試みた学習方法にさかのぼる。

彼が行った学習のやり方は，教師が用意しておいた授業案にしたがって学習するのではなく，与えられた1つのテーマについて，「それはどうしてだろう？」と考え，その答えが合っているかどうか，自分たちで調査して確かめていく。もし，外れているなら，また新しい答えを仮説として立ててみる。

その悪戦苦闘を繰り返す，試行錯誤のプロセスの中に，学習の目的があるし，またその過程そのものが学習と言ってもいいとデューイは考えた。

これを問題解決学習（Problem-Solving-Learning）と呼ぶ。その流れをくむ社会科は，公民的な資質を養ううえで問題解決学習を柱にした。

つまり，知識の獲得にとどまるのではなく，子ども一人ひとりが，確かな自分の考えをもつことを重要だと考えたのであった。

このデューイに始まる問題解決学習が，今の社会科の授業のベースになっている。
今の社会科の授業は，概ね次のようなプロセスを基に，授業を組み立てている。

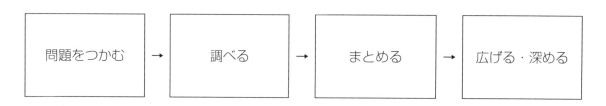

問題をつかむ → 調べる → まとめる → 広げる・深める

この流れを子どもの社会認識の高まりとしてとらえると，次のような段階になる。これは，

主に社会科の研究者たちが提唱しているプロセスである。

　小学校の社会科では，上述のデューイの問題解決学習の方法をベースにして，多くの年月をかけて日本風にアレンジされてきた。
　その結果，様々な問題解決のプロセスの形が行われるようになった。
※小学校で行われる問題解決学習は，発達段階によって様々なプロセスが行われていることもあって，問題解決学習ではなく，問題解決的な学習と呼ばれることが多い。

　これらのプロセスは，1つの単元（小単元）や45分の授業の中で行われている。その基本的な学習の流れとして，私なりに整理したものが，次のプロセスである。

①事実に出会う段階（事実認識）

※子どもが教材と出会うこの段階を，一番大切にしたい。

↓

②問題をつくる段階（意味認識・関係認識）

↓

③予想（仮の答え）をもつ段階

↓

④問題を追究する（予想を確かめる）段階

※調べる活動とは，予想を確かめて答えを明らかにする活動である。

↓

⑤問題を解決する段階（価値判断・意志決定）

↓

⑥自分の考えを表現する段階

↓

⑦他の人と意見交換をする段階

↓

⑧自分の考えを確かにもつ段階（合意）

↓

⑨行動しようとする段階（社会参画）

※問題解決をした考えを友達と意見交換して確かな考えをもてるようにすることが大切である。

※社会参画は，大切な段階であるが，学習内容によって重点を置きたい。

　この問題解決のプロセスは，子どもが問題を解決していく学びや，問題解決力を身に付けていくことを重視したものである。
　ただ，プロセスだけを真似しても，子どもが主体的に問題解決学習を進めていけるわけではない。**教師が一つひとつの場面で，練りに練ったしかけを用意することで，子どもは知らず知らずのうちに，問題解決を進めていけるのである。**

❷ 問題解決学習に欠かせない「学習問題」

1 「学習問題」と「学習課題」 何が違うの？

　子どもが主体的に問題解決学習を進めていくためには，どうしたらよいのだろうか。
　まず，**子どもが「問題」をもつこと，または「問題」を意識することを大切にしたい**。子どもがこの「問題」とは何かをしっかりもつことが，問題解決学習のスタートになる。

　問題解決学習では，この「問題」のことを「学習問題」と呼んでいる。これは，**授業の中で，「問題」を解決するための（学習）テーマ**として考えるとよい。社会科の授業では，社会的事象に対する興味・関心・驚き・疑問から生まれた子どもの問いが，「学習問題」になる。
　それは，学び手である子どもの問題意識に支えられた「なぜ」を追究するテーマでもある。この「学習問題」は，主に授業（単元や本時）の導入場面で設定されることが多い。
※ただし，学習問題をつくる時間や，事実認識に十分時間をかけることもあるので，「学習問題」が必ずしも導入場面であるとは限らない。3年は生活科とのつながりもあるので，「学習問題」をつくるために時間を十分に取ることも必要である。

　「『学習問題』と『学習課題』の違いは何か？」

とよく聞かれることがある。
　子どもが問題意識をもって解決していくものが「学習問題」であり，教師が課題として課したものが「学習課題」として考えるとわかりやすい。私はこのように区別して使っている。
※ところで，この「学習問題」は，地域によって様々な呼び方がある。「めあて」と呼ぶ地域もあれば，「学習課題」と呼ぶ地域もある。この点に関しては，「学習問題」をどのように呼ぶかが問題ではなく，教師が「学習問題」をどのようにとらえているかが大切である。

　ただし，この「学習問題」は，社会的事象に出会った単なる子どもの思い付き，ひらめきや疑問ではない。**学習の本質（授業の目標）へ導く「問い」**であることを忘れてはならない。
　すると，教師は，「学習問題」を子どもとつくる場合，「どのような内容にするか」「どのような言葉にするか」をよく検討しておくことが大切である。「学習問題」の内容や言葉は，子どもが問題解決を進める前に，子どもが問題意識をいかに高めるか，子どもに調べたいというやる気をいかにもたせるかということと，深くかかわってくるからである。

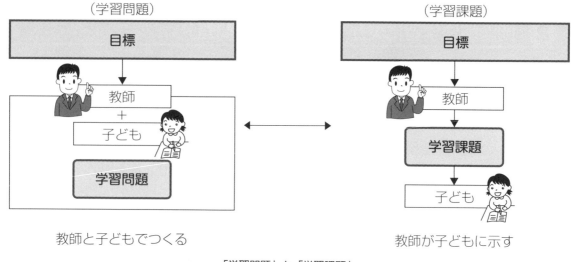

「学習問題」と「学習課題」

2　「学習問題」をつくるのは子ども？　それとも教師？

　小学校社会科の研究会では、「学習問題」は子どもがつくるのか、教師がつくるのかということがよく議論される。

　問題解決学習の本質から言うと、**「学習問題」をつくるのは子どもであることが望ましい。**しかし、実際に授業を行っていると、子どもに「学習問題」をつくらせようとしても、なかなか上手くいかない。それは、教師が何の手立ても打たずに、無理矢理「学習問題」の問題文を子どもにつくらせようとしているからである。

　以前、子どもが「学習問題」をつくるという授業を参観したときのことである。その授業で、子どもは教師が意図した「学習問題」の問題文をつくることができなかった。すると、困った教師は、「学習問題」の言葉を子どもから引き出すために、子どもにヒント、ヒント（助言）の連続であった。そして、無理矢理、子どもを誘導して「学習問題」の問題文を引き出した。

　大事なことは、子どもに教師が意図した問題文をつくらせるということではなく、子どもが問題意識をもてたかということである。子どもの問題意識が高まっている場合なら、教師が問題文を示しても、子どもは納得するはずである。

身近にある社会的事象を取り上げ，自分が調べたい「学習問題」をつくるなら，子どもだけでも問題文をつくることができるのかもしれない。しかし，教師の意図するところとぴったり重なるような「学習問題」（目標）を子どもにつくらせるのは至難の業である。数人の子どもはできると思われるが，ほとんどの子どもは目標と方向性が違う「学習問題」をつくると思われる。

　すると，教師は様々な「学習問題」を修正しなければならない。もしくは，子どもが問題を解決した後で，目標を達成できるように授業を変更しなければならない。それでは，子どもの問題意識を裏切った授業展開や，教師が目標達成へ誘導した授業になってしまう。

※このように，「学習問題」は授業（単元・本時）の目標と密接な関係があるので，子どもだけで「学習問題」をつくることは難しい（教師のかかわりが重要である）。

　この問題について，古川清行は『社会科指導の改善・変革への提言』（東洋館出版社，1993年，p.92）の中で，次のように述べている。

　「このような学習問題のつくり方は，禅語でいう啐啄同機の手法といえる。つまり，子どもたちの中に学習問題への意識が高まっているが，適切な言葉ができない表現のとき，教師側から『こんなことをしたいのではないか』という意味の言葉かけをし，『そうなんだ，そういうことをしたいんだ』というように意識を明確化させていくのである」

　「学習問題」をつくるとは，教師が意図した言葉通りに，子どもに答えを見つけ出させることが目的ではない。しかし，教師が子どもとかかわりながら，子どもが問題意識をもち，「学習問題」をつくるようにすることは大切である。

　つまり，**教師は，子どもがいかにも自分が「学習問題」をつくったと思わせるようにすることである。**

※子どもから「学習問題」の問題文が出なくても，子どもが同じ目標に向かって問題意識を高めているのであれば，教師から「学習問題」を示してもよいと考える。

　「学習問題」をつくるときに大切なことは，子どもが主体的に「学習問題」をつくるということである。**子どもに，教師からやらされているのではなく，自分が進んで「学習問題」をつくったという気持ちをもたせることが重要なのである。**と言うのも，このことによって，この後の問題解決の追究意欲や子どもが自信をもつことにつながるからである。

よい「学習問題」は，子どもと教師の関係性の中でつくられるものである。それだけに，**教師の巧妙なしかけが必要**になる。
　問題解決学習では，それが鍵になる。

3　「学習問題」は子ども1人でつくるもの？　クラスでつくるもの？

　「学習問題」をつくる場合，1人の子どもがつくるのか，それとも，クラスで1つつくるのかという問題がある。
　多くの教師が悩んでいるのは，子ども一人ひとりの問題意識と授業の目標とのずれをどうするかということでもある。

　授業を進めるうえでは，クラスで1つの「学習問題」をつくる方が進めやすい。
　ところが，クラスで1つの「学習問題」をつくるとなると，一人ひとりの問題意識はどうするのかという疑問が起こる。つまり，問題を1つにまとめるために，一人ひとりの子どもの考えを整理するという作業を行わなければならないのだ。その結果，何人かの問題意識は切り捨てられることになる。

　例えば，3年の「スーパーマーケット」の授業で，
「どこのスーパーマーケットが人気があるか？」
という「学習問題」を考えた子どもがいたとする。
　クラスの「学習問題」は，
「スーパーマーケットは，お客を集めるために，どのような工夫をしているのだろう？」
なので，その子どもに対して，
「皆の意見は，『スーパーマーケットは，お客を集めるために，どのような工夫をしているのだろう？』なので，それを調べていこうね」
と言うことになる。

　つまり，その子どもは，自分の問題意識とは別の内容を調べなければならないのである。
　自分の問題意識を取り上げられなかった子どもは，意欲的に調べていけるだろうか，という疑問が残る。その子どもは，問題解決学習の中で1人だけ，自分の問題意識とは違い，やらされている感満載の追究をしていかなければならない。

そうならないためには，**子ども一人ひとりが同じ方向性の問題意識をもてるように**，それまでの授業を組み立てていくとよい。

　ここが教師の腕の見せどころである。一方で，ここが一番難しいところである。また，多くの研究会で，「学習問題」づくりで一番問題になるのがこの場面である。
　そのためには，**教師は資料の内容，資料の数，資料の見せ方など綿密な計画を立て，子どもの問題意識が同じ方向性に向くようにしたい**。

※個人，クラスの「学習問題」のどちらも大切にしようという考えから，クラスの問題，自分の問題の2つを「学習問題」として取り上げる場合もある。この場合は，結局，子どもは2つの問題を調べることになるので，子どもの問題意識のもたせ方を工夫することが必要である。

❸ 子どもがアクティブになる「学習問題」づくりのポイント

１ 押さえておきたい「学習問題」づくりのイロハ

1 「混とん」の場面をつくる

　子どもの「問い」は，定石やセオリー通りの思考の中からは生まれない。それは，**切実な問題に出会い，何か自分の意志を決定しなければならないというような，瀬戸際に立ったときに生まれてくる**。

　「学習問題」においては，予想がわからず，どのように考えたらよいのだろうかとなる場面である。子どもは，そういう場面の中で「問い」を生み出すのである。

　このような場面を**「混とん」の場面**と呼ぶ。

　つまり，子どもの「問い」は，その「混とん」の中で，自分の答えを，自ら選ばなければならないときに生まれる。

　これは，「ひらめき」や「思い付き」など「直感」ではない。基本的なことを押さえ，踏まえた中から生まれたものである。つまり，経験を積み重ねた中で培ったものである。

　子どもをこの**「混とん」の場面に引き込むためには，それなりのしかけが必要**である。そのためには，子どもが次のような教材と出会うような場面をつくるようにしたい。

---

①子どもが考えてもみなかったこと（意外なこと）
②子どもの考えとのずれ（矛盾）
③社会的事象に対する驚き（具体物・比較して）
④子どもの思いのゆさぶり

---

2 ２つの段階（基礎編・応用編）を踏まえて「問い」をつくる

　また，「問い（発問）」をいかに工夫するかが重要である。実は，「学習問題」をつくる場合，**何度も練り直さなければならないのが，問題文をどうするかである**。

「学習問題」は，次のような段階を踏まえてつくるとよい。

●レベル1（基本編）
　第1段階　授業の目標を達成できる「問い」
　　　　　　　　　　　　　　　　　　　…学習問題と目標を関連付けた「問い」
●レベル2（応用編）
　第2段階　子どもを授業に引き込む「問い」
　　　　　　　　　　　　　　　　　　　…子どもを夢中にする「問い」

●レベル1（基本編）
　第1段階　授業の目標を達成できる「問い」…学習問題と目標を関連付けた「問い」

　どんなに子どもが問題意識をもてる「学習問題」であったとしても，授業の目標を達成できなければ何の意味もない。

　「学習問題」の基本は，子どもが「学習問題」を基に解決していけば，授業（単元）の目標を達成できるようにすることである。

　「学習問題」をつくる場合，授業の目標を基にして考えるとよい。授業の目標と「学習問題」は裏返しの関係にあると考えるとわかりやすい。
　例えば，第6学年の内容(1)ウの歴史の学習の目標は，次のように書かれている。

> 源頼朝が鎌倉に幕府を開き，武士が勢力をもつようになったことが分かる

　この目標から考えると，「学習問題」は，

> 源頼朝はどのようにして鎌倉に幕府を開き，武士が勢力をもつようになったのだろうか？

と考えることができる。

　また，第4学年の内容(4)アの消防署や警察署の働きの学習の目標は，

> 消防署や警察署などの関係機関が地域の人々と協力して，災害や事故による被害を未然に防ぐ努力をしていることが分かる

なので，

> 災害や事故による被害を未然に防ぐために，消防署や警察署などの関係機関が地域の人々と協力してどのように努力しているのだろうか？

と考えるとよい。

このように，まず，目標を基に「学習問題」を考えることから始めるとよい。
しかし，目標だけに着目して「学習問題」をつくると，中学年の子どもは，何を調べるのかわからないことがある。

例えば，3年の「身近な地域や市（区，町，村）の様子」の学習で，学校の周りを探検して調べる学習である。目標は，

> 学校の周りの地域や市（区，町，村）の特色ある地形，土地利用の様子，主な公共施設などの場所と働き，交通の様子，古くから残る建造物の場所と様子などを理解している

なので，「学習問題」は，

> 学校の周りの地域や市（区，町，村）の特色ある地形，土地利用の様子，主な公共施設などの場所と働き，交通の様子，古くから残る建造物の場所と様子などを探検して調べよう

と考えられる。

しかし，このように問題文が長いと，3年生の子どもは「調べたい！」という意欲がなかなかわいてこない。
そこで，

> 学校の周りは，どんなまちか？

> 学校の周りにはどのようなひみつがあるのか？

のような問題文にすると，子どもにとってわかりやすく，やる気が起こる。

※このような「どんなまち」「まちのひみつ」などという「学習問題」をつくった場合は，子どもが探険した後で調べたことを整理するときに，理解する内容（特色ある地形，土地利用の様子，主な公共施設などの場所と働き，交通の様子，古くから残る建造物の場所と様子）を教師が分類しながらまとめていくとよい。

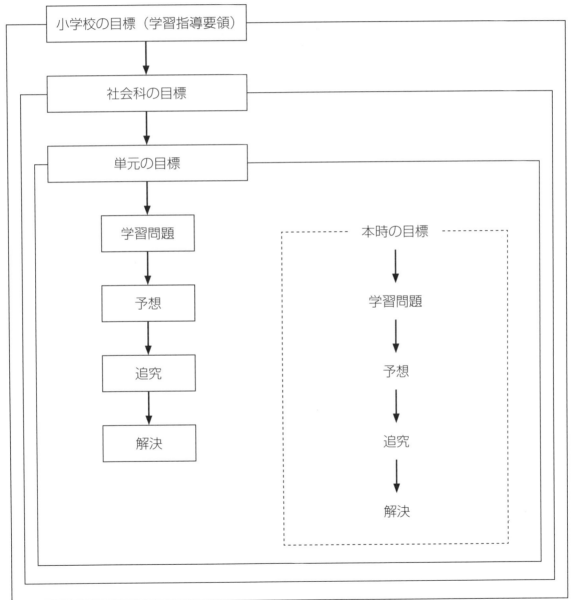

社会科の目標と「学習問題」

●レベル2（応用編）
第2段階　子どもを授業に引き込む「問い」…子どもを夢中にする「問い」

　高学年の授業になると，このような目標との裏返しの「学習問題」だけでは，子どもの意欲は高まらない。授業もおもしろくなくなる。

　例えば，6年で，

> 聖徳太子はどのような政治を行ったのだろう？

という目標を踏まえた「学習問題」をつくったとしても，子どもの問題意識は高まらない。
　そこで，

> **聖徳太子の政治の中で一番大事なものは何だろう？**

という「学習問題」をつくる。
　すると，子どもは「おもしろそう」「どの政策かな？」など聖徳太子が行った政治を調べてみたいという気持ちが高まってくる。

　このように，**高学年では，子どもを授業に引き込むような「学習問題」を工夫したい**。特に45分で完結の授業や時間数が短い授業の中では，学習のきっかけとなるような「学習問題」が有効な場合がある。
※その場合，授業の後半で，「学習問題」の本質を考えていくような授業展開にしておくことを忘れてはならない。
　ただ，ＴＶなどでよくあるクイズ問題と勘違いしないことや，授業の単なる「めあて」としないようにしたい。このようなクイズ問題のような「学習問題」だと，子どもは正解を出すことだけに心が奪われてしまう。もちろん，子どもは追究しようとは思わない。

　また，授業が進むにしたがって，子どもたちは何を目指したらよいのか，何をしたらよいのかがわからなくなってしまう。
　社会科の授業の「学習問題」は，子ども自身が問題意識をもち，主体的に内容を獲得していけるような「学習問題」であることを忘れないようにしたい。

子どもが問題意識をもち，意欲的になる「学習問題」とは，子どもが「おもしろそう」「調べてみたい」「答えを知りたい」と思うものである。
　私は，そのような「学習問題」を次の4つに分類している。

> ①逆説の「問い」　　　　　　　　　　～なのに，なぜ…？
> ②子どもがおもしろそうと思う「問い」　…何？　なぜ？
> ③活動を促す「問い」　　　　　　　　…しよう！
> ④子どもに決めさせる「問い」　　　　…どっちを選ぶか？　もし，○○だったら…？

①逆説の「問い」　～なのに，なぜ…？
　4年の「ごみ」の学習で，

> ごみを減らすために，私たちは何をしなければならないか？

という「学習問題」では，子どもは意欲的に追究しない。
　4年にもなると，ごみを減らすために，自分たちは何をしなければならないか，およそ見当が付いている。
※この答えは，教科書や副読本にも書かれているので，答えるのは簡単である。しかし，子どもはこのことを実感としてわかっているのではない。また，わかっているけど，行動していないのである。

　そこで，この場面では，資料をいくつか示しながら，

> 家庭から出るごみの量は増えているのに，埋め立て地のごみが減っているのはなぜだろう？

というように，「～なのに，なぜ…？」の「学習問題」をつくると，子どもはその意外性が気になり，授業に引き込まれてくる。
　このような逆説的な問いは，「なぜだろう？」「理由は何だろう？」という子どもの知的好奇心を引き出すことができるのである。

②子どもがおもしろそうと思う「問い」　…何？　なぜ？
　疑問や問題をもたせるために，子どもにとって興味がある事実や事象とのかかわりについて問うことも有効である。

問題文は「どのように？」でもよいが，**子どもがおもしろそうと思う社会的事象を提示することが大切**である。
　子どもの興味・関心があるもの，子どもの疑問を引き出すもの，子どもが考え込むものなどが考えられる。「『混とん』の場面をつくる」で述べたような，意外なこと，矛盾，驚き，ゆさぶりなどの事実や資料を基に，「問い」を考えるとよい。

③活動を促す「問い」　…しよう！

　この「学習問題」は3年に多く，「探険しよう！」「地図をつくろう！」など，体験や作業，活動を促すものである。
　3，4年生ならば，ほとんどの場合，この類いの「学習問題」には飛び付いてくる。しかし，高学年になると，活動によってはあまり関心を示さないようになるので，**子どもの興味・関心に合わせて問うことや，なぜその活動をするのかを説明しておくことが大切**になる。
　例えば，次のような問いが考えられる。

> 学校の水道を調べて，水道マップをつくろう！

> 幕末に活躍した人物を調べて，人物関係図をつくろう！

④子どもに決めさせる「問い」　…どっちを選ぶか？　もし，○○だったら…？

　授業の中で，子どもに価値判断をさせたり，意識決定をさせたりすると，子どもはすぐどちらかを選びたくなる。
　ただ，**大事なことは，どちらかを選ぶだけに終わらないで，子どもに自分の根拠や理由をきちんともたせることである**。子どもに価値判断や意志決定をさせることによって，他人事ではなくなり，自分の問題として受け止めることができる。
　例えば，

> 水道の水とペットボトルの水のどちらを利用するとよいか？

> 日本は，食料自給率を上げることができるか？

など，未来志向的な教材や単元の終わりなどの場面で使われることが多い。

また,「もし,○○だったら…?」のように,子どもに立場を決めて考えさせる問いも,子どもを授業に引き込むために有効である。
例えば,

> ごみを少なくするために,あなたができることは何ですか?

> もし,あなたが聖徳太子だったら,どの改革を一番大切にしますか?

である。

子どもは,一般論として考えるより,どちらかの立場に立ったり,ある人の気持ちに寄り添ったりするなど,共感的に考える方が考えやすいという性質をもつためである。
※「どっち?」の問いは,特に中学年の子どもは活発な学習になることが多い。ただ,このとき大事なのは,二者択一にすることである。三者択一以上にすると,意見が分散するために焦点が定まらず,話し合いが深まらなくなるので注意したい。
※3つ以上のものを決めさせるには,選ぶのではなく,ランキングをさせるとよい。この場合も,なぜその順位にしたかを子どもに理由をもたせることが大切である。根拠をもってランキングをすることは,高度な思考ではあるが,子どもは意欲的に取り組む。

2 多様な予想を生かす「学習問題」の考え方

「学習問題」をつくる。それに対する予想を子ども一人ひとりに発表させる。そして,それらの予想を黒板に書いていく。そして,
「この中から自分が調べたいことは何ですか?」
「この中で調べていくとよいものはどれですか?」
などと教師が尋ねる。そして,その中から選ばれたものを子どもが調べていく。

一見,普通の授業風景に見えるが,よく考えてみると,何か変である。
それは,一人ひとりの子どもがはじめに調べたいと思ったことが消えているからである。子ども一人ひとりの予想に優劣をつけられるのだろうか,選ばれなかった予想はどうなるのか,その子どもはどんな気持ちになるのか,など様々な疑問が浮かぶ。

「学習問題」の予想とは，仮の答えのことである。そして，その答えが正しいかどうかを確かめていくことが調べる（追究）活動である。予想は飾りではない。予想（仮の答え）が正しいという理由や根拠，事実を探し，答えを探し出す活動なのである。

※小学校の社会科の授業では，子どもが考えた予想（仮の答え）は，正解を考えるようにしたい。「自分の予想が違った」と言うより，「自分の予想通りだった」という方向で調べる学習を進めていきたい。調べる目的は，予想を立証するための知識を集めることになる。

また，予想（仮の答え）は，1つではなく，その要素（部分）である場合もある。例えば，5年の「米づくり」の学習で，

> 魚沼の農家の人は，おいしいお米をたくさんつくるためにどのような工夫をしているか？

という学習問題を考えた場合，その予想は「機械化」「品種改良」「土地改良」などを考えるだろう。

これを算数科のたし算で考えると，1＋1の答えは2（1＋1＝2）であるが，社会科に置き換えると，答えが「二」「弐」となるということもある。また，「two」，時には「田」もあるかもしれない。

このように，社会的事象は，「問い」に対し，様々な見方で答えを求めることができる。

ただ，様々な考え方が出た場合は，他の見方を知り，自分も多様な知識を獲得するために，発表会や意見交流会をすることが必要になる。友達の違った見方や考え方を知ることで，自分の考えを練り直し，確かな社会的な意味をとらえるようにするためである。

次の図のように，「学習問題」の答えは（A＋B＋C）の概念であり，一人ひとりがその部分の答えを確かめ，それをクラスで共有していくと考えると，クラスで行う問題解決学習のしくみがよくわかる。

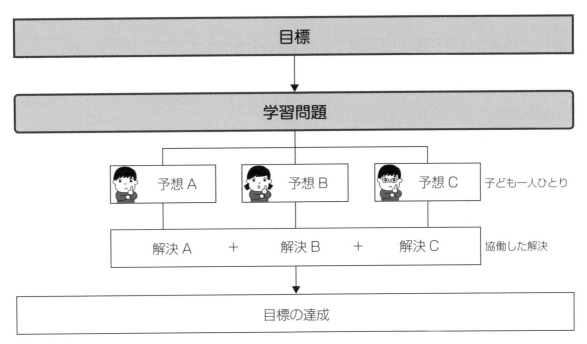

問題解決のイメージ…「学習問題」と予想との関係

　しかし，この方法を成立させるためには，**「学習問題」の質が問われる**ことになる。**子どもの予想Ａ，Ｂ，Ｃが出るように，それ以前の授業を上手くしくまなければならない**のである。そのような「学習問題」をつくらなければならない。

3 「どのような？」は△ 「なぜ？」の「問い」へ

> 江戸幕府はどのような政治を行ったのか？

という「学習問題」があったとする。
　ここでは，大名を治める，武士を治める，農民を治める，キリスト教を治める，などが予想となると思われる。すると，調べる内容は，参勤交代，鎖国，五人組など幕藩体制におけるしくみを調べることになる。つまり，徳川氏が行ったしくみ，知識を調べる活動になるのである。

　このように，「どのような？」「どのように？」の「学習問題」だと，ほとんどの活動が知識を探し出す活動になってしまう。社会的事象の表面的なことだけを調べ，まとめ，交流させて終わりという，よく批判される学習の形になる。
　このような授業から脱却し，調べる学習をおもしろくするためには，なぜその知識を探し出さなければならないのか，なぜその知識を明らかにしたいのかなど，子どもが必要感に迫られる「学習問題」をつくるようにしたい。
　つまり，「学習問題」は，子どもにとって興味・関心が深いものでなくてはならない。

　それに対して，

> 江戸幕府はなぜこのような政治を行ったのか？

という「学習問題」では，参勤交代，鎖国，五人組など幕藩体制を知ったうえで，江戸幕府の考えを考えさせようという形になっている。

　このように，「なぜ？」を問う「学習問題」だと，知識を見つけるのではなく，**知識と知識を結び付けながら知識を再構成する論理的な思考を必要とする**。また，「なぜ？」の問いは，答えが１つでなく，多様に考えられるので，子どもの知的好奇心がそそられる。
　また，自信がない子どもでも，意欲的にその「問い」に挑戦しようとする気持ちがわき上がってくる。

2 一方的な知識伝達にしない！ "教科書"の活用術

❶ 教科書「を」教えるのではなく，教科書「で」教える

　教科書は，かつて子どもに知識を伝達するための道具として使われていた。それは確かな社会認識を身に付けることに重きが置かれたためである。その結果，教科書による詰め込み教育は，その代償として不登校を始めとする学校嫌いや，社会科嫌いの子どもを生み出すことになった。

　そこで，これらの反省から，社会科は子どもに知識を獲得させるだけでなく，問題解決力をはぐくむことを重視することになったのである。

　ところが，最近の社会科の校内研究では，子どもに合った，地域に即した教材を開発して，子ども一人ひとりに確かな社会認識を身に付け，社会的な見方や考え方を育てようとする授業が少ない。特に，最近気になることは，教科書をいかに教えるか，つまり，指導書をいかにこなすかを課題として行っている授業が多いことである。

　また，驚いたことには，授業の終わりに，子どもに学んだことを考えさせるのではなく，教師自ら黒板に授業（「学習問題」）のまとめ（答え）を書き，それを子どもにノートに視写させているのだ。かつての知識伝達型の社会科授業が復活したのではないかと疑ったものだ。

　これでは，子ども一人ひとりに確かな社会認識をはぐくむことは，到底無理である。

　小学校の社会科の授業では，

> 教科書「を」教えるのではなく，教科書「で」教える

ことが大切であると，長年言われてきた。この意味は，教科書に書かれたことを隅から隅まで覚えさせるのではないということである。もちろん，まとめも教師が教えるのではない。

　その内容とは，学習指導要領の目標であり，その内容である。

　しかし，それは教科書を全く教えないと言っているのではない。**教科書の内容をそのまま覚えさせるのではなく，教科書を活用しながら，学習内容を理解できるようにする**ということである。

社会科の教科書を開くと，数多くの人物の名前や地名など，社会科ならではの言葉が目に入る。それらは，子どもたちが社会生活の中で理解しておきたい基本的な言葉である。
　ところが，教科書に書かれていることを隅から隅まで教えるとしたら，子どもたちは，それらの言葉をすべて覚えなくてはならなくなる。

　限られた時間の中で，確実にそれらの言葉を理解することができるのだろうか。
　そのためには，授業は，教師中心の知識伝達型になるしかない。しかし，それでは，子どもたちは，社会科は覚えることが多い→難しい・大変だ→社会科が嫌いということにつながってしまう。
　つまり，社会科の授業で，教科書を活用して教えることが大切であると言われているのは，こうならないようにするためである。

❷ 教科書の構成を理解する

　教科書は，実際の授業の指導順を示しているのではない。
　教科書は，子どもが授業で学ばなくても，教科書を読むと，その内容が理解できるように，読み物としてつくられている。

　実際に教師が授業を行う場合は，教科書をそのまま活用すると，知識注入型の授業になるのは当然である。**教科書に示されている資料や文章を基に，問題解決的な学習を基本にした学習活動を組み立てなければならない。**

　それをいかに組み立てるかが，教師の腕の見せどころなのである。そのために，教科書には次のような大事なことが記されているので，留意したい。

○教科書は，ほとんどの場合，見開きで授業内容を示している。どの教科書を見ても，ほとんどの教科書が見開き2頁が1時間（45分）で構成されている（下の図）。
○文章が書かれている内容は，導入場面，追究場面，まとめ場面によって文章のニュアンスが違うが，1時間の学習で獲得してほしい内容が示されている。
○その学びのヒントが，教科書の左上の吹き出しに見られる問い（「学習問題」）と文章の終末の考えを述べた部分である。
○また，学ぶ内容を明らかにする根拠として，文章以外のところに写真や，グラフ，読み物資料などが示されている。時間があるときに，このことを子どもにも理解させておくとよい。

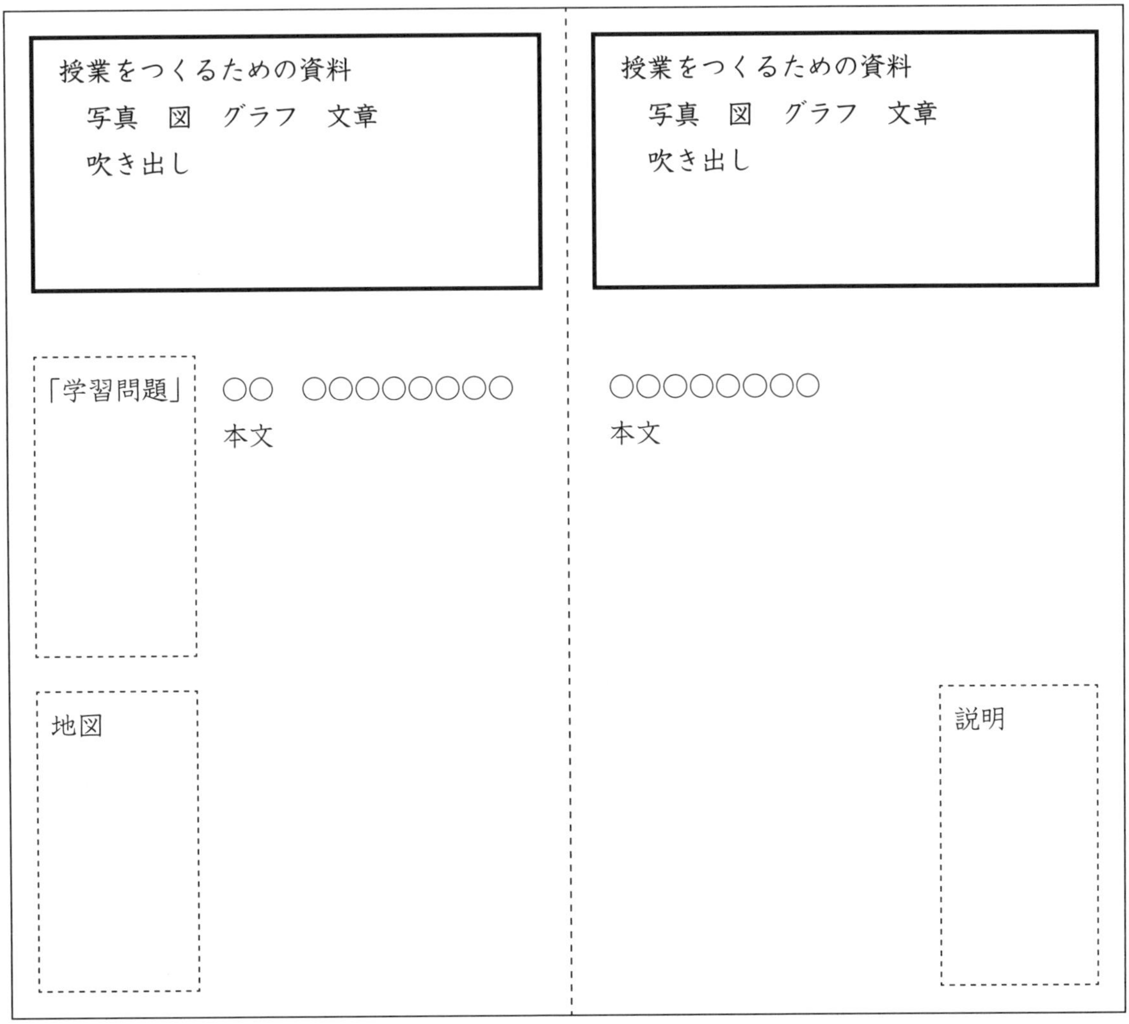

授業をつくるための資料　写真　図　グラフ　文章　吹き出し	授業をつくるための資料　写真　図　グラフ　文章　吹き出し
「学習問題」　○○　○○○○○○○○　本文	○○○○○○○○　本文
地図	説明

見開きで45分の授業

❸ 教科書の事例を上手に取り上げる

　5年の情報単元に「情報ネットワーク」を扱う内容がある。その目標は，学習指導要領に次のように示されている。

> 　我が国の情報産業や情報化した社会の様子について，次のことを調査したり資料を活用したりして調べ，情報化の進展は国民の生活に大きな影響を及ぼしていることや情報の有効な活用が大切であることを考えるようにする
> 　ア　放送，新聞などの産業と国民生活とのかかわり
> 　イ　情報化した社会の様子と国民生活とのかかわり

　ところで，この内容について，ある教科書では，1つの事例を基に，子どもが追究していく学習が展開されていた。それに対して，別の教科書では，4つの事例を示し，複線型の学習を展開していたことがあった。

教科書会社によって，事例の内容や扱い方が違うのである。

　それでは，実際の授業では，教師はどのように授業を展開すればよいのだろうか。そのヒントは，学習指導要領の「内容の取扱い」にある。

> 　イについては，情報ネットワークを有効に活用して公共サービスの向上に努めている教育，福祉，医療，防災などの中から選択して取り上げること

　これによると，「教育，福祉，医療，防災など」の事例の中から選択して取り上げるように示されている。

　また，事例の選択に当たっては，『学習指導要領 解説（社会）』の中で，次のように示されている。

> 　学校，保育所や福祉センター，病院，地域の人々が参加している防災関係の取組など，児童やその家族，身近な地域の人々の日常生活との結び付きが見られるものを取り上げることが大切である

前者のような教科書を扱う場合，教科書で扱っている事例をそのまま扱うことがないようにしたい。
　自分たちが住む地域社会において，それらの事例を扱うことができるのか，また，その事例を子どもたちが実際に調べることができるのかなど，各学校や地域の実態に合わせて取り扱うようにしたい。

　後者のような教科書を扱う場合，事例がたくさん示されているので，指導計画は立てやすいというよさがある。しかし，教科書に載せられている事例をすべて授業で行うと，指導時間がたりなくなるという課題が残る。

　教師は，**教科書が学習指導要領を踏まえて事例をどのように扱っているのか，その意図をよく見極めておく必要が**ある。

　教科書の事例を取り上げる場合は，学習指導要領に示されていることを，教師一人ひとりがしっかり理解しておくことが大切である。特に「内容の取扱い」に記されていることは忘れないようにしたい。
　また，事例を扱う時間数については，各学校の指導計画を基によく検討しておきたい。

　このように，**教科書の構成や執筆の意図を理解したうえで，教科書を有効に活用していきたい**。

❹ 問題解決学習を進めるために

1 「調べ学習」で教科書を活用する

　5年では，我が国の国土，産業を内容として扱う。
　4年までの地域社会から，日本全体にその内容が広がる。そのために，教科書はたくさんの情報を載せることになる。
　子どもたちは，4年までのように，実際に現地へ出かけて行き，問題を追究するという学習スタイルのままでは，学習が展開できなくなる。すると，教科書や資料集などの資料を使った学習が求められることになる。

　社会科の授業では，子どもが問題をもち，進んで解決していく「調べ学習」と言われる学習方法を多くの学校で行っている。そこでは，「学習問題」に対して予想を立て，それを検証しながら解決を行っていく。子どもは様々な資料と関連付けながら，自分の考えを構成していくのである。
　その際，**教科書や資料集をいかに活用するかが重要**になる。

　そこで，自分の答えを見つけ出すために，教科書を容易に活用できるようにしたい。
　その場合，次のことを子どもたちに指導しておきたい。

　ア　教科書の学習事項を確認する。索引や本文などを活用する。
　イ　資料名に注目して，活用できる資料かどうかを確かめる。
　ウ　学びのてびき（説明）を利用する。

　ところで，教科書は本来，教科用図書と言われるように，本文は，だれが読んでも理解できるようにわかりやすい文章で書かれている。また，疑問のもち方，調べ方や考え方，そして，まとめについてわかりやすく示されている。

よく授業の始めに教科書の本文を子どもに読ませる教師がいるが，これはいかがなものか。社会科の授業は文章の読解ではない。
　教科書の文章を解釈するのではなく，自分たちの問い（「学習問題」）を明らかにし，問題解決するために，教科書を活用していきたい。社会科の授業では，教科書を活用して学ぶことを主にしたい。

　社会科の教科書は，子ども自身が目的をもち，一人ひとりの学びが連続していくような問題解決型の学習を手助けするように，教科書を扱うようにしたい。

2 「教科書を使わない」は△　効果的に活用する

　社会科の授業では，教科書を効果的に活用して，学習内容を子どもたちに理解させることを大切にしている。
　ところが，教科書をほとんど使わないで授業を行うのがプロの教師であると勘違いしている教師もいる。
　教師は，学習指導要領や教科書の目標や内容を確実に理解したうえで，子どもの現状に合わせて教材を選択し，指導計画を作成することが大事である。自分の思いや願いが主とし，教師が教えたいことだけを子どもに指導するのは疑問が残る。
　教科書こそ，社会科で学ぶ基礎・基本が示されているからである。

　3，4年では，地域でつくられた副読本を大いに活用したい。
　副読本は，その地域が採択している教科書に準拠しながら編集されている。事例は地域の事例を扱っているが，指導の流れや指導方法は，教科書に準拠して作成されているのである。
　ただ，副読本は，資料の読み方や表現の仕方などについては教科書のように扱ってない場合があるので，教科書を活用してそれらの力を獲得させていきたい。

　5，6年では，一般に教科書を活用することが多くなるので，「調べ学習」の扱い方と同様に教科書を扱うようにしていきたい。

❺ 問題解決学習で教科書を活用するポイント

　社会科は，問題解決的な学習を重視する教科である。そのために，教科書をどのように扱うとよいのだろうか。授業では，次のような使い方が考えられる。

1　教科書の"資料"を活用する

　「『調べ学習』で教科書を活用する」の項で述べたように，**教科書にはたくさんの資料が載せられている。それらの資料の１つを取り上げ，学習を進めていくのが教科書の使い方の１つである。**

　例えば，１つの単元の扉には，学習を包括する絵や写真が載せられている。それらの絵や写真を活用し，単元の学習に対して意欲をもたせていく方法が考えられる。

　また，教科書の事例を一読し，地域の具体的な事例を展開させていくこともあるだろう。特に，５年の農業，水産業，工業を指導する際，どうしても事例地が離れていて，具体的に見学や調査などができないことが多い。すると，つい教科書に頼ってしまい，教科書をそのまま教える授業が多くなる。そういうことにならないように，教科書を効果的に活用したい。

　また，教科書で扱っている事例を扱い，学んだことを生かしながら，図書館やインターネットを使い，自分で選択した地域を調べるという学習が考えられる。一種の応用のような学習であるが，子ども一人ひとりに「調べ学習」が保障され，教えるだけの授業から，子どもが自ら学ぶ学習に転換できる。

2　教科書から"学び方"を学ぶ

　社会科の学習では，社会認識を深めるために，ただ知識を獲得するだけでなく，観察したり，調査したりするなどの調べる活動や，考えたことを伝えるために表現する活動を重視している。
　これらの力は，それぞれ個別に学ぶのでなく，学習の流れに沿って，一体として学んでいくことが求められる。

しかし，子どもによっては，観察や調査の仕方に自信がない場合や，学んだことを上手く表現できない場合がある。こういう場合に，教科書を上手に活用したい。

新しい教科書には，学習を進めていくために必要な基礎・基本的なものを身に付けられるように，子どもの学びを支援するコーナーが現行の教科書以上に設けられている。

載せ方は教科書会社によって異なるが，主に，学び方や調べ方，資料活用の仕方，言語活動の仕方などがある。それらは，各学年の発達段階を考慮して配置されているので，子どもたちの学びに役立てることができる。

また，「学習問題」の設け方，学習計画の立て方，問題追究の仕方などは，教科書の学習の流れを参考にして学習を進めることができる。特に，まとめ方や作品のつくり方などは，様々な活動を例示しているので，大いに参考になると思われる。

3 教科書の"事例"と実際に学んだ地域を比べる

地域の学習を教材化し，追究を深めていくことは，子どもにとって具体的な学びであり，理解がしやすいというよさがある。しかし，それらの学習が学習指導要領の目標を達成していることが大事である。

それを確かめるためには，**自分たちが学んだ内容と教科書の内容を比較するとよい。**教科書の事例と比べることで，自分たちの学びで扱わなかった内容が見つかるかもしれないし，自分たちの事例と共通点が見つかるかもしれない。

例えば，5年の「米づくり」の学習は，教科書では日本の中で米づくりが盛んな地域を扱う。そこで，主にコシヒカリなど寒さを克服した品種の米の生産を学ぶ。また，これらの地域ではその場所の特性もあり，広い田んぼをもつ農家が中心になっている。雪解け水を利用した田んぼの工夫，さらに，機械化による作業の能率化などがあげられる。しかし，実際の日本の多くの農家では必ずしもこのような大がかりな機械化が進んでいるとは限らない。そこで，教科書と地域の事例を比べることによって，日本の農業の特色がさらに明らかになっていく。

特に，子どもが図書館やインターネットなどで調べる学習を行った場合，必ずしも教科書と同じ事例が調べられるとは限らないので，学んだことを一般化するためにも，教科書の活用が必要である。

このように，教科書の事例と実際に学んだ地域を比べる活動によって，子どもたちは学んだ内容や考えをいっそう深めることが望まれる。

3 授業を絶対成功に導く！"指導案"の作成術

❶ よい指導案をつくる３つのポイント

　指導案とは，正しく言えば，学習指導案のことを言う。この学習指導案は，主に研究授業において，参観者に対して授業の目標や展開などを説明するためにつくられたものである。
　つまり，授業を通して，教師が子どもにどのような力（目標）を身に付けさせたいか，そのためには，どのような教材を用意し，活動を構成したのかについて，具体的に書かれている計画書である。
　ただ，それは，教師がスムーズに授業を行うためや，子どもに知識を教え込むためのものではない。**子どもが授業の中で，主体的に力を獲得していくための計画書である。**

　ところで，多くの研究会で用意されている指導案を見ると，ぎっしり文字が並び，きちんと整理されている。「さすがに授業者は，よく研究しているなあ」と感心させられる。

　しかし，時には，子どもの問題意識と大きくかけ離れた指導案に出会うこともある。そのような場合は，子どもが問いをもてなかったり，子どもの発想が教師の思いからずれていったりしてしまうことが多い。
　すると，当然のごとく，教師が強引に誘導していく授業になってしまう。
　この原因は，教師の思いを優先した授業を行ったことや，教師の意図が強い指導案を作成したことによる。いくらすばらしい指導案を書いたとしても，子どもが生き生きと活動できない授業を行っているとしたら，教師としてはいかがなものか。

　それでは，よい授業を行うためには，どのような指導案をつくるとよいのだろうか。
　次の３つのポイントが大切だと考える。

---

①子どもが「おもしろい」「知りたい」と思う教材を取り上げる
②目標，「学習問題」，評価が一体となった授業（単元）を構成する
③子どもの意識の流れをつなげた授業の流れをつくる

---

❷ 子どもが「おもしろい」「知りたい」と思う教材を取り上げる

1　「おもしろさ」の原因

「夢中になる」「熱中する」とは別に，高学年になると，「ハマる」ということがある。ゲームにハマる，読書にハマる，などである。

例えば，家族から「いつまでゲームをやっているの。いい加減にやめなさい！」と言われるときである。これも，子どもがハマっているときと考えることができる。

この「ハマる」という状態は，対象に対して何かおもしろいという感覚や，もっと続けたいという意欲が伴うことが共通する。これは，興味深いことである。

ところで，「おもしろさ」とは何なのだろうか。「あっ，おもしろいな」「さすがにおもしろい」と言っても，人によって感じ方が違うし，興味・関心も違うので，一言で言うには難しい。

かつて，脳トレーニングが流行ったころに，「脳内麻薬物質」という言葉が話題になった。この「おもしろい」という感覚は，人間の脳で発生する「脳内麻薬物質」によって生まれると言うのである。脳にある目的をもたせ，それを達成した際，その報酬として「脳内麻薬物質」が得られるのである。

「おもしろい」と感じたり，人があるものに夢中になったりする原因は，こういうところにあるのではないかと考えられている。

2　子どもが活動に夢中になる条件

ところで，子どもが何もかも忘れて夢中になるときがある。それは，どんなときだろうか。

篠原菊紀は，『勉強にハマる脳の作り方』（フォレスト出版，2009年）の中で，無意識的な行動と快感が知らない間に結び付いたときに，何かにハマっていくと言う。

無意識的な行動とは，こうしようと思わなくても，無意識に自然にできるようになっていくことだと説明している。

また，快感には次の２つがあると言う。

> ①「わくわくする」「どきどきする」などの興奮的な快感
> ②「ほっとする」「落ち着く」という癒しや安心感を伴う快感

　この「わくわく」「どきどき」を感じているときは，脳ではドーパミン系の物質を分泌しているのだと言う。
　すると，「わくわく」「どきどき」に出会うと，子どもはその対象に没頭すると考えられる。しかし，同時に癒しや安心感を伴うことも大切である。
　つまり，２つの快感を上手に感じることが，何かに没頭するための条件であると考えられる。

　また，癒しを得るためにはストレスが大いに影響する。つまり，ストレスをいかに感じないようにするかがポイントになる。
　例えば，自分の環境を変えることが考えられる。具体的には，音楽を聞いてみたり，心地よい匂いを嗅いでみたりすることなどである。

　３年生の子どもたちは，社会科の学習の中でこの２つの快感を上手に感じているのである。４月のころは，子どもたちは様々なことが新鮮で，学校の周りの探検の活動に対してわくわくしたり，どきどきしたりしている。
　また，だれもが「やったー」という満足感をもち，教師や友達から「すごいね」「立派だね」とほめられることも多い。
　また，それらの活動では，発達段階上，意識して活動しているのではなく，無意識な行動を繰り返すことが多い。そのために，これらの快感と容易に結び付いているのである。

　すると，子どもが何かの活動に夢中になる条件は，子どもが「おもしろい」という対象に出会うとともに，次のようなことが考えられる。

> ①適度な難しさを感じる課題があること
> ②目標（ゴール）が具体的であること（見通しがもてる）
> ③集中できる環境があること
> ④リラックスしていること

①については，「学習問題」を立て，問題解決をしていく学習が考えられる。

> 探険したことを整理して，わかりやすい地図をつくろう！

という「学習問題」では，子どもたちは地図をつくるために探険に熱中する。

　子どもは，地図をつくるという目標に向かって活動する。そして，町を探険して，知らないものやこと，人に出会い，わくわくする。また，町で出会った様々なものに，自分自身の思い出と重ねていく。しかし，「わかりやすい地図をつくる」という条件があるために，ただ地図をつくって喜んでばかりはいられない。試行錯誤が伴ってくる。そのために，適度な壁にぶち当たる。

　このように，町の探検では，未知のものとの出会いに対してわくわくどきどきする。わかりやすい地図をつくるために，どうするかについて，その答えを探すために，いろいろな工夫を考え，知らず知らずのうちに活動に集中していく。

　②については，**活動のゴールが具体的にイメージできること**である。それは，「探険したことを整理して，わかりやすい地図をつくろう」のように，活動の見通しがもてることでもある。このようなとき，子どもは集中力が高まり，夢中になる。

　例えば，期限までにあることを仕上げなくてはならないとき，集中力が高まることと同じである。ただ，「学校の周りの地図をつくろう！」のように目的が曖昧であると，子どもは力を抜いてしまい，やる気をなくしてしまう。

　③については，上述の篠原菊紀の著書には，次のように書かれている。

　「そこにいくとほっとする。そこで勉強すると落ち着く。そこが自分の居場所だと思う。そこだと集中しやすい。ここだと癒される。この状態作りが成功すると，脳の中ではセロトニン神経系が活動し，脳を安定させます」（p.57）

　つまり，「わくわく」「どきどき」の気持ちの場合でも，ほっとする感覚が両立することで，子どもは活動にハマっていくのである。すなわち，夢中になっていくのである。

　また，社会科の学習では，学級の雰囲気や友達とのかかわり方にも大きく左右されることも忘れないようにしたい。

　子どもが活動に夢中になるためには，これらの**「活動が楽しい」「活動しているとほっとする」という２つの状態が上手に両立すること**が大切である。すると，教師はいかにこの２つの状態を演出させるかが腕の見せどころになる。具体的には，子どもがわくわくするような活動をしくみ，適度な「問い」をもたせるとともに，ほっとした気持ちをもたせることを工夫することになるだろう。

④については、やはり、不安や安定しない気持ちのときは無になれないということである。そのためには、③とも関連するが、**ストレスのない学級の雰囲気をつくること**が大切である。活動を入る前に友達とけんかをしたり、言い争いをしたりする不快感が残り、夢中になれないのは当然である。

反面、適度なストレスは、快感を持続させるためには重要である。それは、ウォーキングなど適度な運動をすると、運動を終えた後、すがすがしい気持ちになることからもわかる。適度なストレスが潤滑油となって、快感を増幅させるのだ。

地図づくりの活動でも、なかなか上手くいかず、失敗を繰り返すことがある。しかし、試行錯誤の末、成功したときには、ほっとした気持ちをもつ。さらに、もっとわかりやすい地図をつくろうと、工夫を重ねる。そして、完成、ほっとする。この繰り返しが、夢中になることにつながっていくのである。

3 子どもがおもしろい、教師がおもしろいと思う教材を用意する

社会科の授業は、教材が命である。指導案を見て「今日の授業はおもしろかった」と、子どもが思うような教材を用意したい。

最近、いろんな地域で研究発表会校内研究会に参加してみても、おもしろいと感じる授業に出会うことが少ない。多くの場合、教科書の学習の流れに沿って展開している授業が多い。実に嘆かわしいことである。

せめて社会科の発表会や提案授業では、授業者が熱意をもって開発した教材や、こだわりがある展開などを示してほしいものである。社会科だからこそ、様々な教材が扱えるのに、残念な話である。

また、最近、少し残念なことは、指導案から、授業者の教材に対する熱い思いが伝わってこないことが多い。解説書の引用や指導書の書き写しのような文章が多く、教材について熱く語ったものが少ない。社会科の指導案には、参観者が「おもしろい」「すごい」などと思うような教材観を主張してほしいと思う。

しかし、そのためには、**授業者はだれよりも、授業で扱う教材については研究を深めておくようにしたい**。私も授業を行う場合は、いつもたくさんの書物や文献を読み、収集するようにしている。インターネットで調べた場合は、その真偽を、必ず書物などで確かめるようにしていたい。おもしろい教材のつくり方については、また別の機会に取り上げてみたい。

❸ 目標,「学習問題」,評価が一体となった授業(単元)を構成する

　指導案を作成する場合,教師は授業の目標を正しくとらえておくことが大切である。
　例えば,3年「学校のまわりの様子」では,学習指導要領(社会)に次のように内容が示されている。

> 自分たちの住んでいる身近な地域や市(区,町,村)について,次のことを観察,調査したり白地図にまとめたりして調べ,地域の様子は場所によって違いがあることを考えるようにする

　しかし,時には,この文章をそのまま書き写しただけの指導案に出会うことがある。
　そのような指導案では,授業者が何を考えているのか,よくわからない。3年の授業では,学習の対象が自分たちが住む地域にある。ここでの目標は,**子どもが住む地域や子どもの実態に合わせて,もっと具体的に書くことが必要**である。

　ところで,社会科は,問題解決的な学習を通して,社会的事象の意味を獲得していく教科である。すると,指導案をつくる場合,**「学習問題」の良し悪しが,授業の成功を大きく左右する**ことになる。
　「学習問題」とは,上述したように,子どもたちが学習を深めていくときに中心となる「問い」である。**「学習問題」は,「問い」を追究していくと,単元(本時)の目標に到達できるように設定したい**。それは,「学習問題」が授業の目標・評価と深くかかわっているからである。
　指導案の「学習問題」を見ただけで,授業が成功するか失敗するかがわかると言われるように,「学習問題」は授業をつくるうえで最も重要である。また,目標は,評価と表裏一体なので,この三者は常に関連付けて指導案をつくるようにしたい。

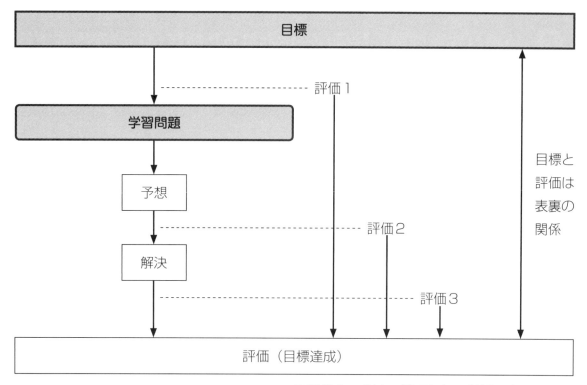

「学習問題」と評価(目標)

❹ 子どもの意識の流れをつなげた授業の流れをつくる

授業を構成していく場合，一般に，次のように授業の流れを考えていく。

①単元の中で本時の授業で子どもにつかませたい目標を設定する
②本時の目標を達成できる「学習問題」をつくる
③子どもの意識の流れを考えながら，具体的な発問を考える

それでは，この③の「子どもの意識の流れを考えながら，具体的な発問を考える」について，具体的に考えてみたい。

学習問題：茗荷谷駅前と湯立坂下のバス停の時刻表はなぜ違うのか？

C　バスを利用する人が違うからです。
T　どうして利用する人が違うの？
C　住んでいる人の数が違うからです。
T　どんな人が住んでいるのだろう？

　子どもだったらどのように考えるかを，子どもの考える筋道を思い描きながら，教師と子どもの発問をつなげていく。時には，「利用する人の違いについて，『住んでいる』とは子どもは考えないだろう」などと，子どもの立場になって発問を訂正していくことも大切である。

　次に，**発問と子どもの意識をつなげながら，子どもは目標を達成することができるかを吟味する。**

　また，子どもの思考がずれたときや，わからなくなったとき，どのような発問を用意したらよいか，または，どのような資料を提示するとよいかを考えるようにする。このことは，指導案の指導上の留意点の欄に記しておくようにする。

　このような**発問をつなげて授業の流れを構成するという考え方**は，必ず身に付けておきたい教育技術の1つである。

　また，学習の流れだけでなく，活動についても子どもの意識に目を向けることが大切である。話し合いばかりの活動，書くだけの活動だけでは，子どもは活動に飽きてしまう。**言語活動，表現活動などの活動を効果的に組み合わせながら，授業を組み立てるようにしたい**ものである。

次の図は，1時間の授業の問題解決の流れを示したものである。

〈1時間の授業の問題解決の流れ（3年・学校のまわりのようす）〉
(1)本時の目標
　春日通りと千川通りのバス停の数や時刻表がなぜ違うのかについて話し合い，通り（地域）の様子は場所によって違うことを考えるようにする。

(2)本時の展開

問題解決の流れ	学習活動と内容	実際の子どもの活動	子どもの意識の流れ
教材に出会う （問題意識を高める）	1　春日通りと千川通りの様子について話し合う ・大きなビルや店が多い（春日） ・木が道路にたくさんある（千川）	○ノートに2つの様子を書く ○発表する ※違いがあることに注目させる	○春日通りと千川通りのまちの違いを振り返る
↓	2　春日通り（茗荷谷駅前）のバス停の時刻表を見て話し合う ・バスがたくさん走っている ・池袋駅と大塚駅の2つの行き先がある ・朝と夕方にバスの数が多い	○発表する ○様々な考えを知る	○春日通りのバス停の時刻表から運行の特色を読み取る
	3　千川通り（湯立坂下）のバス停の時刻表と比べ，その違いを話し合う ・バスの数が少ない ・行き先は茗荷谷駅のバス停と同じだ	○2と比べながら発表する	○2つの時刻表の違いと通りの特色を関連付けて考える
「学習問題」を立てる （予想する） ↓	4　春日通りと千川通りのバス停の時刻表が違うわけを考える 　[茗荷谷駅前と湯立坂下のバス停の時刻表はなぜ違うのか？] ・学生や会社の人が多い（春日） ・ほとんど人がいない（千川）	○「学習問題」を知る ○予想をノートに書く ○理由を発表する	○通りの様子は場所によって違うことを考える
問題を追究する （調べる）	5　2つの通りの様子を実際の写真やバス会社で働いている人の話	○資料で解決する	○自分の考えをもつ

↓	（資料）を聞いて事実を確かめる	
問題を解決する （価値判断・意志決定）	6　本時の学習を振り返る ・感想をノートに書く	○自分の考えを発表する

❺ 授業構造図をつくる

　社会科の授業が上手くいかない，「学習問題」をつくるのが難しいなど，課題をもつ教師も多いことであろう。
　その原因の１つは，**教師が授業を構造的にとらえていないことにある。**

　授業のポイントはどこか。
　授業の落としどころは何かをきちんと教師自身がとらえておけば，授業は必ず上手くいく。

　また，前もって板書計画を立てていても，子どもの言葉を羅列的に書いていくだけで精一杯という教師も多いだろう。これでは，授業の中で何が問題なのか，どれとどれとがつながっているのか，関連付けられるのかなどを理解することができず，子どもは自分の考えを整理することができなくなる。

　そこで，**指導案を作成するのと同時に，板書計画だけでなく，授業構造図をつくるようにしたい。**最近は単元レベルでは教材構造図をつくることも多くなったが，教師は授業構造図をつくっておきたいものである。

　授業構造図は，その中に目標，「学習問題」，押さえるべき知識，子どもの反応などを関連付けながら整理するようにする。
　上述の１時間の授業構造図は，次のようになる。

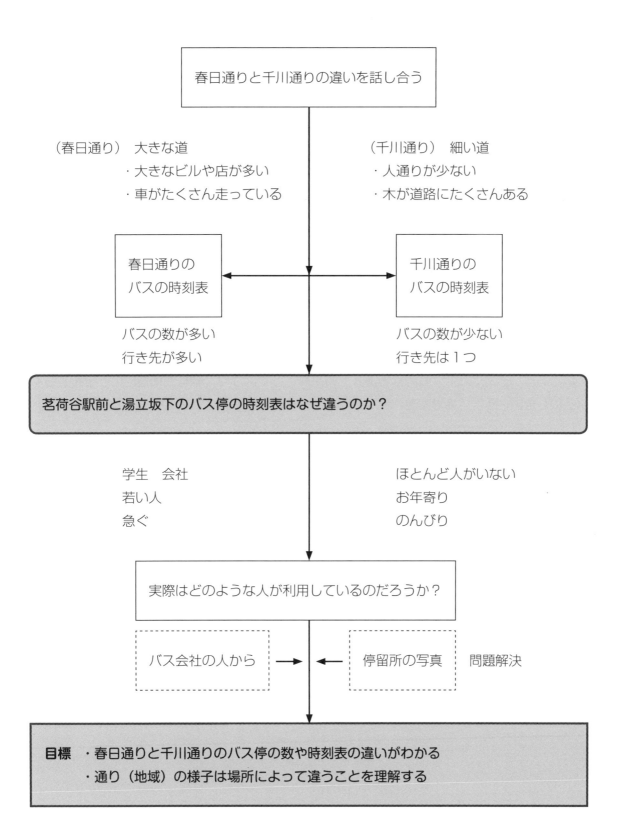

この授業構造図があれば，授業の板書計画もただ学習の流れに沿って書くのではなく，構造的にまとめることができる。

　どんなによくできた指導案をつくっていたとしても，いざ授業を行ってみると，上手くいかないことが多いのが授業である。それは，クラスの子どもたちが，教師が計画した指導案通りに反応するとは限らないからである。そこが授業のおもしろさであり，難しいところでもある。

　しかし，子どもの思いと教師の思いとのずれは，時においては，授業が目標とは全く違った方向に進む結果になる。そういう場合，教師は指導目標に近付けようと子どもを誘導する授業に陥ることが多い。それは，教師の指導力不足や教材研究の甘さが考えられるが，その原因の1つに，指導案が時間的流れに沿って，劇の台本のように書かれていることがある。時系列に書かれた指導案を基にした教師は，その台本通りに，授業を進めようとする。すると，子どもの意外なつぶやきや反応には対処できないことが多い。
　子どもの多様な発想や考えに対応するためには，教師が授業を構造的に理解しておくことが大切である。そのためには**教師は指導案を時系列だけではなく，教材を構造的にとらえておくようにしたい**。私は，指導案を作成する際には，その中に授業構造図を書くようにしている。

　授業構造図には，授業の目標（子どもにどんな力をとらえさせたいか）と学習問題を書き，その2つの関係がわかるように構造化したい。
　例えば，子どもが追究するためには，どのような資料を使うか，どのような条件を押さえるとよいのかなどは，書き入れておきたい。また，教師の主発問や，キーワードとなる子どもの考え・つぶやきなどを入れる。これらの要素を矢印や線で結ぶなどして，構造的に図解するとよい。
　また，この授業構造図を作成しておくと，板書計画も立てやすいという利点がある。教師が黒板を構造的にまとめることは，子どもが授業をただ知識の配列としてとらえるのではなく，物事を構造的にとらえる力をはぐくむのにつながると考える。

第2章

「授業構造図」でよくわかる！
問題解決的な授業プラン

3年 ① 春日通りと千川通りのバス停の時刻表がちがうのはなぜだろう？
― 学校のまわりのようす ―

3年の子どもと社会科との出会いは，身近な地域の様子を学ぶことから始まる。身近な地域については，生活科の中でおよその様子は学んでいるが，それは自分とのかかわりとしての地域であるため，地域の全体的な様子を学んだわけではない。

そこで，3年の社会科では，学校の屋上からまちの様子を観察したり，実際にまち探検したりして，地域の様子を地理的な見方によって理解を深めていくことになる。

本実践でも，子どもたちは次のようなことを学んできた。

・公園や様々な学校があることや，高層や低層のマンションやビルが多いことなど，学校の周りの様子に気付くこと
・学校を中心とした大まかな位置関係や距離関係をとらえること
・簡単な記号や地図を使って様々な場所を説明できること

しかし，本単元の目標である「学校のまわりのようす」が「場所によって違いがあること」について，ほとんどの子どもはよく理解していない。

指導計画（17時間）
　第1次　学校の周りの様子に気付くとともに，地図の基本的な見方がわかる　　　　　　　　　　　　（3）
　　　❶屋上から土地の様子の違い（東西南北）を観察　　❷絵カードに表し，報告会をする
　第2次　4つの通りを中心に探検をし，絵地図にまとめる　　　　　　　　　　　　　　　　　　　（10）
　　　❶探検をする計画を立てる　　　　　　　　　　　❷学習問題を立て，予想する
　　　❸4つの通りの周辺を探検する　　　　　　　　　❹報告会をする
　第3次　地図記号を使ってわかりやすい地図をつくる　　　　　　　　　　　　　　　　　　　　　（2）
　　　❶地図記号の本質を知り，地図記号の原理・原則を知る　❷国土地理院がつくった地図記号を調べる
　　　❸国土地理院にない新しい地図記号づくりに挑戦する　❹学校の周りの様子を地図記号を使って表す
　第4次　学校の周りの地形や通りの様子の特色について話し合い，
　　　　　場所によって違いがあることを考える（本小単元）　　　　　　　　　　　　　　　　　　（2）
　　　❶春日通りと千川通りの違いを，バスの停留所を手がかりに話し合う〈本時〉
　　　❷学校の周りの特色（地形条件，社会条件）について話し合ってまとめる
小単元の目標
　学校の周りの特色ある地形，土地の様子，主な公共施設などの場所と働き，交通の様子などを観察，調査したり平面地図にわかりやすくまとめたりして調べ，地域の様子は場所によって違いがあることを考えるようにする。

そこで，このような子どもの実態を踏まえ，春日通りと千川通りのバス停の時刻表を取り上げることで，地域の様子は場所によって違いがあることを考えさせたいと考えた。

①学校の周りの地域の様子をとらえる

　教科書，副読本などに載っている展開例は，ある特定の地域を事例としている。したがって，各学校で授業を行う場合，それぞれの学校がある地域の特色をとらえておく必要がある。そのために，各学校独自の教材研究が必要となる。例えば，本授業では次のようにとらえた。

> 　本校は，小石川台地の坂の途中に位置し，東の低地（千川谷）には，北から東へ千川通り，南西の台地の尾根に沿って春日通りが通っている。この春日通り周辺は旧大名屋敷跡地を利用して大学や学校として利用されるとともに，高層の住宅地及び商業地域となっている。その中心部が東京メトロの茗荷谷駅である。
> 　しかし，春日通り周辺の高台に比べると，千川通り沿いは，まちの雰囲気が全く違う。千川通り沿いは，文京区の主要地場産業地域である。そのために，印刷・製本の工場が多い。また，製本関連は分業化されているために，小さな工場が点在している。庶民的な雰囲気があり，スーパーや商店が多い。谷に位置するこの地域は，広い土地が少ないため，通り沿い以外は低層で小規模な住宅が密集している。

②バス停の時刻表の違いから地域の様子を比べる

　春日通りと千川通りは，交通の様子に違いがある。川越街道に通じる春日通りは，茗荷谷駅前に都営バス大塚支所が控え，2車線の広い道が特徴である。一方，千川通りはかつて千川が近くを流れていたという歴史もあり，川のように曲がりくねった1車線の道が続く。交通量も春日通りがかなり多い。バス停も春日通りには数が多く，日中頻繁にバスが運行しているが，千川通りにはバス停の数も少なく，1時間に2本程度のバスが運行している状況である。

　春日通りは，茗荷谷駅とともに，主に周辺の会社や商業施設，及び学校に通う会社員や学生たちを運ぶことに利用されている。これに対し，千川通りは，主に住んでいる人々の生活手段としての役割が大きい。つまり，2つの通りのバス停の数と運行状況が違うのは，通りの沿線で働いている人々や生活している人々の違いがあるからである。

　そこで，地域の様子は場所によって違いがあることを考えさせるために，春日通り（茗荷谷駅前）と千川通り（湯立坂下）のバス停の時刻表の違いに着目させることにした。まず，春日通りの時刻表をじっくり観察する。人々が利用するバスの台数からこの地域の特色やこのバス停を利用する人々の生活をイメージさせるためである。そして，千川通り（湯立坂下）のバス停の時刻表と比べる。すると，子どもたちは，バス停の時刻表が全く違うことに疑問をもつに違いない。子どもたちのこの疑問は，「知りたい」「なぜだろう？」という気持ちの原動力になると思われる。

(1) **本時の目標**

　春日通りと千川通りのバス停の数や時刻表がなぜ違うのかについて話し合い，通り（地域）の様子は場所によって違うことを考えるようにする。

(2) **学習問題づくりのポイント**

　まず，春日通りと千川通りの特徴を話し合う。探検したことを振り返りながら，その2つの通りの違いを確かめる。この活動は，これからの学びへの関心を高めるとともに，通りのイメージを高めることがねらいである。また，同時に次の活動への布石でもある。

　次に，クイズを出すように，もったいぶりながら，1つのバス停の時刻表を示した。子どもたちは，バスの本数の様子から茗荷谷駅前の時刻表ではないかと予想した。そこで，白地図を使って春日通りのバスの停留所がどこにあるのかを確かめた。バス停の場所を地図に表すと，短い距離の間に多くの停留所があることがわかった。

　「茗荷谷駅前の時刻表から，わかることは何だろう？」と問い，時刻表を見てわかったこと（事実）をノートに書かせ，発表させた。子どもたちは，バスの数に着目して，茗荷谷駅前の時刻表の傾向を読み取り，バス停の数と人とのかかわりについて気付くことができたようだ。

　同じように千川通りのバス停の場所を確認した。地図に表すと，春日通りよりバス停の数がかなり少ないことがよくわかる。次に，千川通り（湯立坂下）のバス停の時刻表を子どもたちに示すと，途端に「えーっ！」という声が響き渡った。「こんなに少ないの？」「どうしてだろう？」と子どもたちは口々につぶやいた。そこで，本時の学習問題を示した。

> 茗荷谷駅前と湯立坂下のバス停の時刻表はなぜ違うのか？

　茗荷谷駅前と湯立坂下のバス停の数，運行状況の違いに着目した問いである。

　そして，その理由を通りの様子と関連付けながら話し合った。茗荷谷駅前のバス停は，会社や学校に通う人が利用しているという意見に概ねまとまった。一方，湯立坂下のバス停は，そこに住んでいる人が主に利用しているのではないかという結論になった。

　子どもたちは，何となくわかってはいるようだが，具体的には理解しているわけではない。そこで，同時刻の2つのバス停を利用している人々の写真を示し，実際はどのような人が利用しているのかを確かめることにした。すると，写真から，茗荷谷駅前のバス停は主に会社員や学生，湯立坂下のバス停はお年寄りが多いことがわかった。そして，バス会社の人に聞き取り調査をした資料を配付し，お年寄りが多い理由を確かめた。

　このようにして，子どもたちは本時の目標に迫ることができた。

(3) 授業構造図

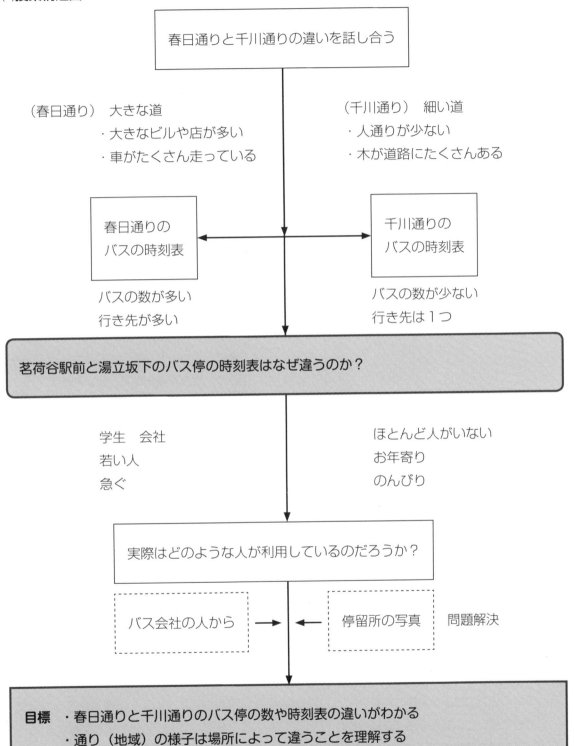

(4) **本時の展開**

学習活動と内容	資料	指導上の留意点（○）と評価（◆）
1　春日通りと千川通りの様子について話し合う （春日通り）・大きなビルや店が多い 　　　　　　・車がたくさん走っている （千川通り）・人通りが少ない 　　　　　　・木が道路にたくさんある	・白地図	○探検したことを振り返りながら，本時への関心を高める
2　春日通り（茗荷谷駅前）のバス停の時刻表を見て話し合う ・バスがたくさん走っている ・池袋駅と大塚駅の2つの行き先がある ・朝と夕方にバスの数が多い	・バスの写真 ・時刻表（春日通り） ・写真	○どこのバス停かを知らせずに提示し，子どもの知的好奇心を引き出す ○春日通り，千川通りにあるバス停の場所を確かめる ○時刻表の時間とバスの数の変化に目を向けさせることで，バスを利用する人の様子を意識させる ◆春日通りのバス停の時刻表からバスの運行の特色を読み取ることができる （ノート・発言）【観・技】
3　千川通り（湯立坂下）のバス停の時刻表と比べ，その違いを話し合う ・バスの数が少ない ・行き先は茗荷谷駅のバス停と同じだ	・時刻表（千川通り） ・写真	○2つのバス停の運行状況の違いを通りの様子に関連付けて考えさせる ◆2つの時刻表の違いと通りの特色を関連付けて考える　（ノート・発言）【思・判・表】
4　春日通りと千川通りのバス停の時刻表が違うわけを考える 　　茗荷谷駅前と湯立坂下のバス停の時刻表はなぜ違うのか？ ・学生や会社の人が多い（春日） ・ほとんど人がいない（千川）		
5　2つの通りの様子を実際の写真やバス会社で働いている人の話（資料）を聞いて事実を確かめる	・写真（利用している人の様子）	○同じ時刻，バス停の様子を写した写真（春日通り，千川通り）を用意する

	・バス会社の人の話（資料）	
6　本時の学習を振り返る ・感想をノートに書く		◆通り（地域）の様子は場所によって違うことを理解する　　　　（ノート）【知・理】

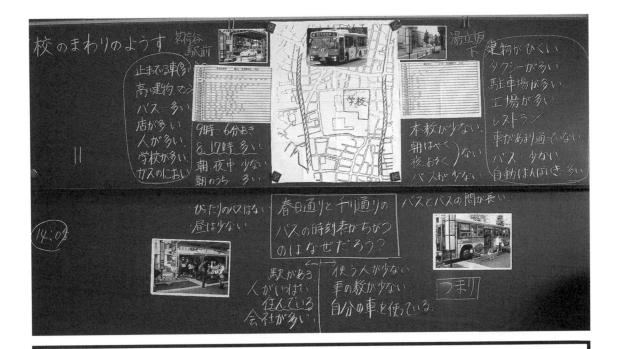

ココが授業の落としどころ！

　子どもたちは，これまでにバス停の時刻表をじっくり見た経験はないはずである。そのため，バス停の時刻表はどこも同じだと勘違いをしている子どもも多いと思われる。

　そこで，本授業では春日通り（茗荷谷駅前）と千川通り（湯立坂下）のバス停の時刻表の違いに目を向け，「どうしてこんなに違うのだろう？」「その違いには何か理由があるのかな？」という問題意識を高めるようにした。

　また，一般に，この単元は，学校の周りを探検して地図にまとめる，そして，地図を確認しながら，地域の様子は，場所によって違うことを理解させていくことが主だろう。地形や自然環境が豊かな地域なら容易だろうが，都市部などの地形や自然環境に対して差がない地域では，地図に表しても場所による違いは見えにくい。

　そこで，本授業のように，何かを窓口にして地域の様子を探っていくことも１つの手段である。

3年② なぜもちの形が家によってちがうのか？
―さぐってみよう　昔のくらし―

　わたしたちの生活は，祖先の願いが積み重ねられたその上に成り立っている。そのことを，友達と楽しく学び合う中で，実感としてとらえさせたいと考えた授業である。
　子どもが年中行事や文化財に対して「えーっ！」「なぜ？」「どうして？」という意外性や疑問をもち，「実はそうだったのか」「なるほどね」と納得できるようなしかけをいかにもたせるかがポイントである。

「わが家のお雑煮は，丸もち？　それとも角もち？」
　毎年お正月，お雑煮を食べながら，こんなことを気にしたことはあるだろうか。「えっ，もちに種類があるの？」と思った人もいるかもしれない。でも，日本には，丸もちを食べる文化と角もちを食べる文化があるのである。
　右の２つの写真は，子どもたちが描いたわが家のお雑煮の絵であるが，これを見ると，お雑煮は，各家庭で様々であることがわかる。

 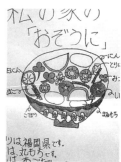

指導計画（13時間）
　第１次　年中行事と昔の人々の願い（本小単元）　　　　　　　　　　　　　　　　　　　　　　（5）
　　　第１時　我が家のお雑煮は？　　　　　　第２時　我が家のお雑煮，紹介タイム！
　　　第３時　なぜ丸もちと角もちがあるの？〈本時〉　第４時　具，汁はなぜ違うの？
　　　第５時　やっぱり我が家のお雑煮が１番！
　第２次　文化財と昔の人々の願い　　　　　　　　　　　　　　　　　　　　　　　　　　　　　（2）
　　　第１時　なぜお地蔵様がしばられているの？　第２時　塩地蔵と昔の人々の願い
　第３次　文京区の昔マップ（年中行事，文化財）をつくろう！　　　　　　　　　　　　　　　　（2）
　　　第１・２時　文京区の年中行事，文化財マップをつくろう！（白地図に位置，内容，いわれなどを調べる）
　第４次　文京区の伝統や文化を受け継ぐ人々の願いを調べてまとめよう！　　　　　　　　　　　（4）
　　　第１時　なぜ節分に豆をまくの？　　　　第２・３時　「三座ノ舞」（文京区・根津神社）を調べる
　　　第４時　伝統を受け継ぐ人々の願いをまとめる

小単元の目標
　地域の人々が受け継いできた年中行事や文化財の内容やいわれなどを見学・調査したり年表や地図にまとめたりして調べ，地域の人々の願いを理解するとともに，それらの願いは今の自分たちの生活と深くかかわっていることを考える。

もちは昔からお祝い事や特別な日に食べるめでたい食べ物の1つである。多くの家庭では，新年に1年の無病息災を祈ってお雑煮を食べることが多いと思われる。本来，お雑煮はもち・アワビ・いりこ・焼き栗・山芋・里芋・大豆の7種類の材料を味噌で煮たものであったが，「雑煮」という何でも雑多に煮るという意味が広まることによって，地域の特産物や独自の文化と融合することになった。特に，京都文化の影響の強い関西では，白みそ仕立てに丸もちがベースになり，その土地ならではの具材が使われている。一方，江戸文化の影響の強い関東では，すまし汁に焼いた角もちが主流である。お雑煮に入れるもち，具材，汁は地域ごとに違いがあり，地域の食習慣の違いをよく表している。しかし，その違いは，単に関西・関東という理由で分かれているのではなく，その土地に長く住んでいた人が京都文化か江戸文化のどちらかの影響を受けているかによる。また，最近では，祖先や親の出身地，結婚した相手の出身地，好みによっても左右されて受け継がれている。

　そこで，本授業では，お正月に食するお雑煮のいわれや人々の願いを調べることによって，地域の人々の生活について関心をもたせたいと考えた。さらに，東京のような大都市においても，自分たちの生活は，それぞれの家庭を通して，昔の人々の願いが受け継がれていることをとらえさせたいと考えた。

(1) 本時の目標

　お雑煮に使われているもちの形に関心をもつとともに，角もちと丸もちの分布を日本地図に表したり，その違いの理由や人々の願いを話し合ったりしながら，自分たちの生活は，日本の東と西で違うことや，昔の人々の願いを受け継いでいることを考えることができる。

(2) 学習問題づくりのポイント

　前時までの学習で，子どもたちはわが家のお雑煮を調べ，大きな紙にその絵を描いてお雑煮の発表会を行った。下の写真は，その様子である。

　授業は，わが家のお雑煮について，気付いたことを発表することから始めた。「もちには，角もちと丸もちがある」「汁の種類には味噌と醤油がある」「家庭によって具の中味が違う」のような意見がたくさん出た。それらの意見をもちの形，汁の味，具の3つに分けて同じところや違うところについて分類した。黒板に並べてみると，全く同じというお雑煮は1つもなく，各家庭それぞれのお雑煮を食べていることがわかった。

　そこで，本授業では，もちの形に着目してみることにした（汁，具については課題とした）。

子どもたちの発表から，お雑煮のもちの形は角もちと丸もちの2つに分類できることがわかった。子どもたちは，なぜ各家庭によってもちの形が違うのだろうかという問題意識をもつ。
　そこで，次のような学習問題を立てた。

> なぜもちの形には角もちと丸もちがあるのだろう？

　この学習問題を立てるために，その布石として「わが家のお雑煮調べ→お雑煮の絵を描く→発表会→本時」のような活動をしくみ，子どもたちがお雑煮に対して関心を深め，イメージを膨らませるようにすることがポイントである。また，発表会では，わが家のお雑煮を紹介するだけではなく，友達との違いに着目させるようにする。そこで，もちの形（角もち，丸もち）の違いに着目させ，本授業へとつなげていく。

　次に，わが家のもちのルーツはどこかを発表させた。すると，ほとんどの子どもは東京ではなく，北海道，茨城，大阪など，様々な土地がルーツであった。そこで，地図に表してみることにした。右の写真のように，黒板の日本地図にお雑煮のもちの形の分布を表してみると，見事に東が角もち，西が丸もちに分かれた。

　子どもたちはなぜ関東に角もち，関西に丸もちが多いのかという疑問をもつ。しかし，この時点では，子どもの力だけで解決するのは難しいので，関東と関西の食文化（京都中心だった日本のルーツ，江戸中心の武士の風習）について簡単な説明をした。

　このように，学習問題について話し合っていく中で，関東の中にも丸もちがあり，関西の中にも角もちがあることに疑問をもたせていく。そして，なぜ自分の家では角もち（丸もち）を食べているのかを考えさせていく。ここがこの授業の落としどころである。

　そこで，

> なぜお雑煮のもちの形は，家によって違うのだろう？

と問う。もちの形は関東と関西の文化によって違うが，それは表面的なことで，実際の私たちの生活ではわが家のルーツ（願い）に基づいていること，すなわち，祖先の願いを受け継いでいることをとらえさせるためである。

　この問いについては，東京の子どものように角もちが主である地域では，「なぜみんな角もちじゃないの？」でもよいが，関西や地域によっては，「なぜみんな丸もちじゃないの？」という問いの方が，子どもの疑問を引き出すことができると考える。

　このようにして本時の目標に迫っていく。

(3) **授業構造図**

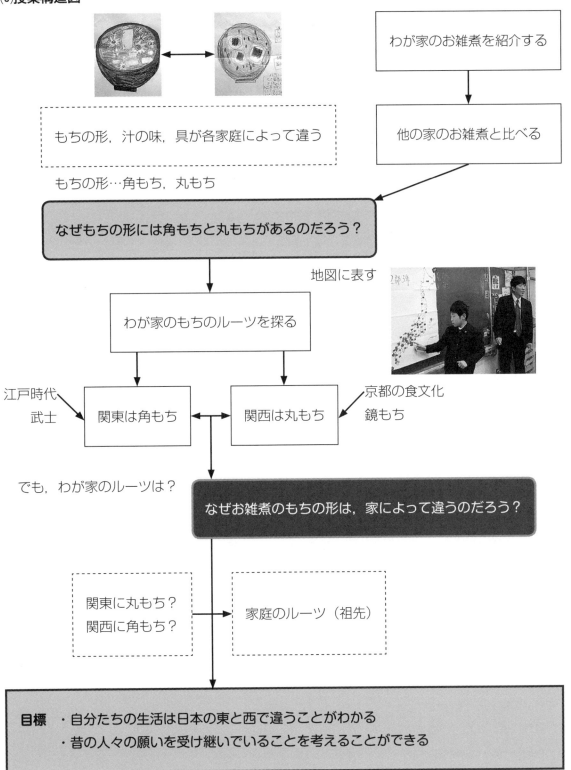

(4) **本時の展開**

学習活動と内容	資料	指導上の留意点（○）と評価（◆）
1　自分たちの家庭のお雑煮について気付いたことを発表する ・もちには，角もちと丸もちがある ・汁の種類には味噌と醤油がある ・家庭によって具の中味が違う	・各自が描いたお雑煮の絵	○前時では自分の家のお雑煮について紹介し，情報交換しておく
2　お雑煮に使われているもちの形が家庭によって違う理由を話し合う 　　なぜもちの形には角もちと丸もちがあるのだろう？		○なぜ家庭によってもちの形が違うのかという疑問をもたせる ◆もちの形について関心をもつ 　　　　　　　（表情・発言）【関・意・態】
(1)なぜもちの形には角もちと丸もちがあるのかを話し合う ・角もちを食べている ・丸もちを食べている ・両方食べている		
(2)自分の家や祖父母が食べているもちの形を分類し，日本地図に表す ・角もちは日本の東の方に多い ・丸もちは日本の西の方に多い	・日本地図	○自分の家と祖父母の家のもちの形を関連付けて考えさせる
(3)角もちは関東，丸もちは関西で多く食べられている理由を話し合う 　　なぜお雑煮のもちの形は，家によって違うのだろう？		○もちの形の分布が東と西に分かれていることに気付かせるとともに，「なぜ？」という疑問をもたせる ◆自分たちの生活は日本の東と西で違うことがわかる　　　　（ノート・発言）【知・理】
(4)なぜ自分の家では角もち（丸もち）を食べているのかを考える ・東京に住んでいるから ・自分の祖父母が関東にいるから ・東京には，丸もちがあまり売っていないから	・もちの分布図 ・もちのいわれ（教師が用意した資料）	○東と西のもちの分布，もちのいわれなどの内容は，資料を提示して説明する

3　もちに込められた昔の人々や祖先の願いを考える ・お雑煮には昔の人々の願いが受け継がれている ・それぞれの家庭の願いを受け継いでいる	○お雑煮を通して，自分たちの生活は昔の人々の願いと深くかかわっていることをとらえさせる ○もち以外の汁，具の違いについても調べたいという意欲をもたせる ◆昔の人々の願いを受け継いでいることを考えることができる （ノート・発言）【思・判・表】

ココが授業の落としどころ！

　我が家のお雑煮のもちの違いを考えることは，3年の子どもにとって，わくわくどきどきしながら追究していける教材である。と言うのも，
学習問題「なぜもちの形には角もちと丸もちがあるのだろう？」
→「なぜお雑煮のもちの形は，家によって違うのだろう？」
というように，子どもたちに謎を次々に解決させていく授業のスタイルだからである。
　授業の前半は，子どもたちと楽しみながら授業を進めていきたい。そして，授業の後半は，社会の本質に迫っていくのである。

　この授業は，関東と関西の食文化の違いを理解することだけが目的ではない。その落としどころは，丸もちの分布の中に角もち，角もちの分布の中に丸もちがあることに気付かせることにある。
　つまり，「どんなに時代が変わっても，どんなに場所が変わっても，わが家の味は永遠に受け継がれていく」ことを子どもたちに気付かせたいのである。私たちの今の生活は，祖先の願いが積み重ねられたその上に成り立っているのである。

4年 ① 自転車は歩道と車道の どちらを走るとよいのか？
―安全なまちをめざして―

　自転車のルールを取り上げ，安全の問題を考えさせる授業である。自転車は，子どもにとっても手軽に利用できる便利な乗り物である。

　そのために，自分が交通事故の被害者だけでなく，歩行者に対して加害者になることもあるかもしれない。他人事ではなく，自分自身のこととして考えておきたい問題である。

　私たちの周りを見ると，歩道を走っている自転車もあれば，車道を走っている自転車もある。果たしてどちらが正しいのだろうか。

　実は，道路交通法では自転車は車道を通行するのが原則である。それにもかかわらず，歩道を走る自転車が実に多いのが現状なのである。

　自転車は，子どもにとっても手軽に利用できる便利な乗り物ではある。しかし，自分がけがをするだけでなく，歩行者にけがをさせるという場合もある。

　自転車だから大丈夫，事故を起こしたとしても大事にはならないという軽はずみな気持ちが重大な事故につながっているのである。

指導計画（12時間）
　第１次　くらしの安全を守る警察署の仕事　　　　　　　　　　　　　　　　　　　（4）
　第２次　安全なまちをめざして　　　　　　　　　　　　　　　　　　　　　　　　（8）
　　第１時　交通事故を防ぐための施設を調べよう！　（3）
　　第２時　地域の人々の取組を調べよう！　（1）
　　第３時　自転車はどこを走るとよいのだろうか？　〈本時〉
　　第４時　自分たちができることは何だろう？　（1）
　　第５時　地域安全マップをつくろう！　（2）

単元の目標
　東京都における交通事故の防止について，警察署を中心に関係機関が地域の人々と協力しながら交通事故の防止に努めていることや，相互に連絡して緊急に対処する体制を取っていることを調査したり資料を活用したりして調べ，人々の安全を守るための関係機関の働きとそこに従事している人々の工夫や努力を考えるようにする。

道路交通法上，自転車は車両の一種（軽車両）なので，法律違反をして事故を起こすと刑事上の責任が問われることになる。また，相手にけがを負わせた場合，民事上の損害賠償責任も発生するのである。今や交通安全を守り，自分が交通事故に遭わないようにするばかりでなく，歩行者に対して加害者にならないように注意することも大切である。

　そこで，この授業では，自転車のルールを取り上げ，他人事ではなく自分自身のこととして「法やきまり」について考えさせることにした。

(1) 本時の目標
　自転車に関するルールに関心をもつとともに，自転車は歩道と車道のどちらを走るとよいかを話し合うことを通して，自分はどのように行動することが大切なのかを考える。

(2) 学習問題づくりのポイント
　授業は，自分が自転車に乗っていたとき，怖かったり，危険だったりした経験を発表することから始める。
　ここでのポイントは，ただ子どもたちに，自分の経験を基に発表させるだけではなく，なぜそう思ったのかをきちんと説明させることが大切である。このことによって，歩道，車道を通行するときの利点や問題点が明らかになる。
　また，自転車は，歩道と車道のどちらを走るのが正しいのかという問題意識をもたせることにつながる。この話し合いの深まりが，学習問題を真剣にとらえるかどうかの分かれ道になる。

　しかし，言葉だけのやり取りだと，交通事故の恐ろしさを実感としてとらえることは難しい。そこで，交通事故の資料を見せて，交通事故は年々減っているのに，自転車事故の割合が増加しているという問題点を確かめる。
　そのために，自転車事故を減らすことが交通事故の総数を減らすことにつながることを理解させたい。

　まず，自転車が歩道と車道を走っている2つの写真を示す。子どもたちに2つの写真を比較させながら，次のような学習問題を立てる。

自転車は歩道と車道のどちらを走るとよいのか？

　この学習問題に対して，子どもたちは，歩道派，車道派の2つに分かれて話し合っていく。

　子どもたちの視点で考えると，当然「歩道を走る」という意見にまとまっていく。そこで，「歩道を走るという証拠はあるのか？」とゆさぶると，子どもたちはその証拠は何だろう？と考え始める。
　そこで，資料（道路交通法）を配り，自転車は車道を走るというルールを確認する。
　しかし，子どもたちは，自分が自転車に乗ったときに実際にどうするかについて考えているわけではない。

　そこで，簡単なシミュレーション（ごっこ活動）を行うことにした。
　子どもの中から自転車役，車の役，歩行者役を選び，ごっこ活動を行った。この活動を行いながら，それぞれの立場の人たちはどんなことを感じているかを具体的に話し合った。

(3) **授業構造図**

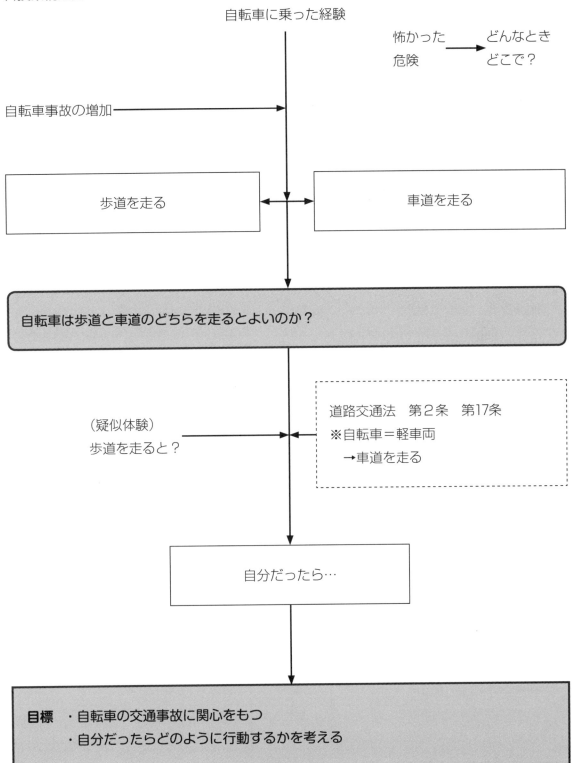

(4) **本時の展開**

学習活動と内容	資料	指導上の留意点（○）と評価（◆）
1　自分が自転車に乗っていたとき，怖かったり，危険だったりした経験を発表する ・歩道では，歩行者とぶつかりそうになった ・車道では，車が追い越していくのが怖かった ・車道では，自動車が止まっているので追い越すのが怖い		○自分の経験を踏まえ，自由に発表させる。また，なぜそう思ったのかも説明させる ○歩道，車道を通行するときの利点や問題点を引き出す
2　交通事故の資料を見て，自転車による交通事故の現状を読み取る ・自転車事故は横ばいである ・交通事故全体としては減っている ・全交通事故に対する自転車の割合は増えている ・自動車より歩行者との事故が増えている	・自転車の交通事故の資料	○交通事故の資料を読み取りながら，自転車事故を減らすことが重要なことに気付かせる ○話し合いを通して，自転車が走るときのルールについて問題意識を引き出す ◆自転車の交通事故に関心をもつ （表情・発言）【関・意・態】
3　自転車が歩道と車道を走っている写真を比べ，自転車はどちらを走るとよいかを話し合う 　　　　自転車は歩道と車道のどちらを走るとよいのか？ ・車道は危険だから，歩道を走る ・歩行者とぶつからないように車道を走る ・道路の広さによって走る場所を決める	・2枚の写真 （歩道走行） （車道走行）	
4　資料（道路交通法）を見て，自転車は車道を走るというルールを確認し，問題点について話し合う ・自転車は軽車両だから車道を走る ・歩道を走ってもよい場所もある。ただし歩行者が優先	・道路交通法第2条，第17条 ・「自転車歩道通行可」の道路標識	○矛盾点や疑問点を出し合いながら，よりよい社会を目指すためにはルールが必要なことに気付かせる

・車道は，自転車にとって安全なのか ・止まっている自動車の横を追い越すのは怖い 5　自分だったら，どのように行動するかを考える ・ルールを守る，車道を走る ・危険だから，歩道を走る ・歩道を走るときは，歩行者に迷惑をかけないようにする	の写真 ○ごっこ活動を行いながら，ルールの大切さをとらえさせる ○道路交通法の意味を理解したうえで，自分の行動に責任をもって判断させる ◆自分だったらどのように行動するかを考える 　　　　　　　　（ノート・発言）【思・判・表】

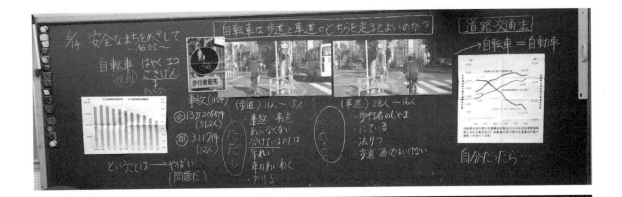

ココが授業の落としどころ！

　はじめに，自転車に乗ったときに怖かったり，危険だったりした経験を話し合いながら，自転車のルールについて関心をもたせる。この話し合いが，学習問題を実感として意識させる布石となる。次に，2つの写真を示し，学習問題「自転車は歩道と車道のどちらを走るとよいのか？」を立てる。子どもたちの経験からすると，歩道を走るという意見が多数だろう。そこで，「歩道を走るという証拠はあるのか？」とゆさぶり，解決するためには「法やきまり」が重要なことに気付かせていく。

　最後に，自分だったら，どのように行動するかを考えるわけだが，ここでのポイントは，「これからどうするとよいだろうか」という一般論としての未来志向を問うのではなく，「自分だったらどうするか」という自分ができることを考えさせることにある。

　時に，大人でさえも解決できない問題を，子どもに考えさせようとする授業を目にすることがある。子どもたちは教師の問いに答えようと様々なアイデアを一生懸命考え出すが，小学生の子どもが考えたアイデアが，現実の社会で受け入れられるだろうか。それよりも，自分が社会の一員としてできることを考えることの方が大切ではないだろうか。

4年② くまモンがこれほど人気なのはなぜか？
―47都道府県の名称と位置―

　47都道府県の名称と位置は，6年までに確実に身に付け，活用できるようにしなければならない。そのため，4年では47都道府県の名称と位置を，地図を調べて白地図にかき表す授業が多くなると思われる。しかし，このようなスキル学習ばかりだと社会科嫌いな子どもが増えてしまう。

　本授業は，子どもが楽しみながら，47都道府県の名称と位置を学ぶためにはどうしたらよいかをテーマとして行った。そこで，最近大ブームの「ゆるキャラ」を取り上げ，その特色（観光や特産物）を調べていくきっかけにした。「ゆるキャラ」とは，地方公共団体で，地域活性化のためにつくられたキャラクターのことである。その中でも，特に熊本県の「くまモン」が大人気である。イベントなどへの出演は，1年近くで2000回を超え，誕生からわずか3年で社会現象にまで至ったのである。

　そもそもくまモンは，九州新幹線鹿児島ルートの全線開通にあたって，熊本県をもっとアピールしたいという願いから生まれたのであった。熊本出身で脚本家の小山薫堂氏が提唱した「くまもとサプライズ」キャンペーンのキャラクターとして産声を上げたのが始まりで，デザインはユニクロやＮＴＴドコモの広告も担当した水野学氏である。

　くまモンがこれほどまでに人気者になったのはなぜか。まず，考えられるのは，だれもが癒されるその姿にある。その表情は，笑っているようにも驚いているようにも見える。つまり，受け手が物語や表情の意味を自由に考えることができるので，1つのキャラで多様なニーズに対応することができるのである。実にトレンドに沿った計算し尽くされたキャラクターなのである。また，もう1つの理由としては，商品などにかかる使用料を無料にしたことである。

指導計画（7時間）
- 第1時　47都道府県の名前を楽しく覚えよう　（1）
- 第2時　47都道府県はどこにあるの？　（1）
- 第3時　「47都道府県」ゲームをしよう！　（1）
- 第4時　くまモンが人気の秘密は何か？　〈本時〉
- 第5時　ゆるキャラと47都道府県　（2）
- 第6時　47都道府県マップをつくろう！　（1）

単元の目標
　47都道府県の観光や物産などをＰＲしながら地域の活性化に重要な役割を担っている「ゆるキャラ」を手がかりにして「47都道府県の名称と位置」を楽しく学びながら理解できるようにする。

(1) **本時の目標**

くまモンの人気について話し合ったり，熊本県庁の人々が熊本をPRするために知恵を働かせていることを考えたりしながら，「ゆるキャラ」と47都道府県のつながりに関心をもつようにする。

(2) **学習問題づくりのポイント**

授業は，くまモンの写真やイラストを見て，その名前の由来，顔や体の特徴について発表させることから始める。「くまモンのくまは，熊本のくまだ」「とぼけた，驚いた表情をしている」などくまモンをじっくり観察し，その印象や知っていることを話し合うことで，くまモンが実に計算された「ゆるキャラ」であることに次第に気付かせていく。

くまモンの生まれた理由や活躍の様子について話し合うころには，子どもたちは，くまモンに惹かれ，こんなに人気者になったのはなぜか，という問題意識が生まれてくるはずである。このように，子どもがよく知っているくまモンについて疑問を引き出し，次のような学習問題を立てる。

> くまモンがこれほどまで人気になったのはなぜだろう？

素朴な問いではあるが，子どもを授業の本質に引き込むためのきっかけとして重要である。導入でくまモンについて話し合ったことで，子どもたちは当然ながら可愛さ，ゆるさ，動作のおもしろさなど外見的な特徴を予想としてあげる。しかし，理由はそれだけでなく，実は様々なしかけ（AIDMAの法則）があったことを知らせる。つまり，「企画が話題性を生み，人々の注意（Attention）を引き付ける，くまモンに興味（Interest）がわくようなストーリーをしかける，人々の欲望（Desire）が働きかけ，人々の記憶（Memory）に『くまモン』が焼き付けられる」というしかけがあったのである。

だが，理由はこれだけではない。ここで「くまモンとミッキーマウスの違いは何だろう？」と発問し，子どもたちをゆさぶる。ミッキーマウスはディズニーの人気キャラクターである。この2つを比べることで，子どもたちは，くまモンの人気は可愛さや仕草だけではなく，何か他の理由があるのではないかと考え始める。子どもたちは「混とん」の場面に入るのである。そこで，熊本県がくまモンを無料で使用できるようにしたことを説明する。そして，

> 熊本県は，なぜくまモンを無料で使用できるようにしたのか？

と問う。実は，この問題がこの授業の落としどころ（真の学習問題）である。子どもたちは，なかなかピンとこないと思われる。

そこで，くまモンが使われている商品を再度よく観察すると，それらは熊本県の会社の商品か熊本県の物産を使った商品であることがわかる。ここで，ビデオ「『くまモン』ビジネス 驚きのお金システムとは？」(「がっちりマンデー!!」2013年4月7日TBS放送)を見て「くまモン(熊本県)をもっと知ってほしいから」という熊本県庁の人々の願いからくまモンの使用料を無料にしたことを確かめる。熊本県庁の人々が熊本をPRするために，知恵を働かせていることを理解し，「ゆるキャラ」と47都道府県のつながりに関心をもつようにする。そして，他の「ゆるキャラ」はどうなのだろう？というさらなる問題意識をもたせたい。

(3) **授業構造図**

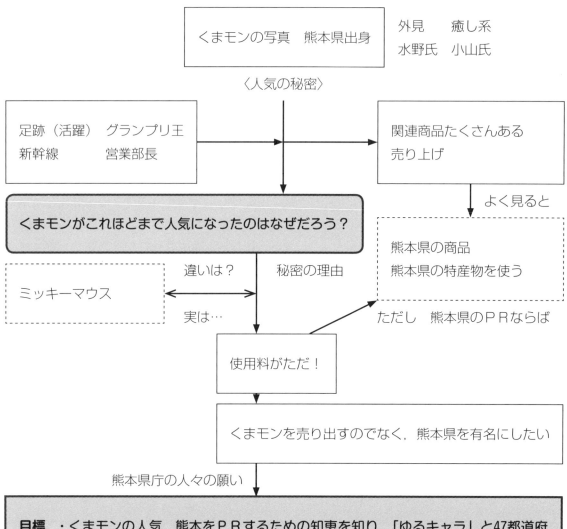

(4)**本時の展開**

学習活動と内容	資料	指導上の留意点（○）と評価（◆）
1　くまモンの特徴や活躍の様子について話し合い，くまモンが人気である理由を話し合う		
(1)くまモンの名前の由来，顔や体の特徴について話し合う ・くまモンのくまは，熊本のくまだ ・とぼけた，驚いた表情をしている ・笑った口をしている ・体が黒く，メタボ体型をしている ・赤いほっぺをしている	・くまモンの写真（イラスト）	○くまモンの名前，顔や体の特徴には，熊本をＰＲしようとする願いがあることをとらえさせる
(2)くまモンの誕生の理由や人気の現状について知る ・熊本県ＰＲキャラクター ・「ゆるキャラ」グランプリ王者となる ・九州新幹線全線開業のときに生まれた ・水野学氏（デザイナー）がつくった ・熊本県の営業部長である ・関連商品がすごい	・くまモンの資料（経緯，業績） ・くまモンが使用されている商品	○くまモンについては，教師の方で資料を用意し，簡単に説明するようにする ◆くまモンについて関心をもつ （表情・発言）【関・意・態】
2　くまモンが人気の理由には，熊本県庁の人々の知恵や取組にあることを話し合う		
(1)くまモンの人気に関心をもち，その理由を考える		○ＡＩＤＭＡ（アイドマ）の法則に関連させながら，知名度を上げていったことを考えさせる
くまモンがこれほどまで人気になったのはなぜだろう？		
・外見を見ると，癒されるから ・人々の注意（Attention）を引く ・くまモンに興味（Interest）がもてる ・インターネットを使ったから ・マスコミが宣伝をしたから		

・商品にたくさん使われたから		
(2) くまモンとミッキーマウスの違いについて話し合う	・ミッキーマウスの写真	○くまモンとミッキーマウスを比べることによって，くまモンが人気である理由をさらに知りたいという気持ちをもたせる
くまモンとミッキーマウスの違いは何だろう？		
・ミッキーマウスは人気者である ・ミッキーはキャラクターが多い ・くまモンは熊本のＰＲをしている ・熊本の商品にくまモンがある		
(3) 熊本県庁の人々がくまモンに託した本当の理由を考える		○商品を調べる場合，会社の住所，熊本の特産品などに着目させて観察させるようにする
熊本県は，なぜくまモンを無料で使用できるようにしたのか？		
・くまモンをもっと知ってほしいから ・くまモンの商品をもっと買ってほしいから		
(4) くまモンが使われている商品を調べ，くまモンが人気である理由を考える	・くまモンが使用されている商品の資料 ・くまモンの名刺(写真)	○熊本県庁の人々は，くまモンの使用料を得ないことにより，熊本県の名産物を知ってもらいたいと思ったことをとらえさせる
・熊本の物産を使っている ・熊本にかかわりがある ・皆，熊本の会社である ・熊本のＰＲがある		
(5) 資料（映像）を見て，くまモンが人気である理由を確かめる	・資料（映像）「がっちりマンデー!!」	○単なるブームではなく，緻密な戦略で，人気者になったことをとらえさせる ◆くまモンに対する熊本県庁の人々の願いを考えることができる （ノート・発言）【観・技】
3 「ゆるキャラ」，47都道府県の名前や特色について関心をもち，調べようとする意欲をもつ	・「ゆるキャラ」の写真（イラスト）	○他の「ゆるキャラ」を紹介し，47都道府県の名前や特色について，関心がもてるようにする
・他にはどんな「ゆるキャラ」がいるのか		○ゆるキャラには，各自治体の願いがある

調べてみたい ・他の「ゆるキャラ」にも各県の人々の願いと関係があるのだろうか ・47都道府県の名前を知りたい ・47都道府県の特色を知りたい	ことについて，問題意識をもたせる ◆「ゆるキャラ」を手がかりに，47都道府県の名前や特色を調べたいという意欲をもつことができる （ノート・発言）【関・意・態】

ココが授業の落としどころ！

　授業では，くまモンの人気の理由を調べていくことになる。しかし，その落としどころは，熊本県をPRするために熊本の多くの人々がどのような知恵を出しているかである。くまモンについて楽しく話し合うことを窓口に，熊本県の特徴，さらに，熊本県の人々の願いへと授業を進めていきたい。

　また，子どもの問題意識を高めるために，写真や関連商品などを紹介するなどくまモン人気の現状を実感としてとらえさせるのが授業の鍵である。

4年③ なぜ高野さんは近くの河骨川を見て「春の小川」をつくったのだろう？
―わたしたちの東京都―

　ふるさと意識をもち，地域社会に参画していこうとする子どもを育てるというテーマで行った4年「わたしたちの東京都」の授業である。

　子どもたちが生まれ育った東京について学ぶ中で，自分のあり方や生き方を考えながら，ふるさとに夢や愛着がもてるようにしたい。

　「春の小川」（高野辰之作詞，岡野貞一作曲）は，春，岸辺にすみれやれんげが咲く，のどかな小川の様子を歌った歌であるが，この歌を聞くと，だれもがふるさとの風景や子どものころの思い出が目に浮かぶ。

春の小川の跡

```
春の小川は　さらさら行くよ
岸のすみれや　れんげの花に
すがたやさしく　色うつくしく
咲けよ咲けよと　ささやきながら

春の小川は　さらさら行くよ
えびやめだかや　小ぶなのむれに
今日も一日　ひなたでおよぎ
遊べ遊べと　ささやきながら
```

　ところで，この「春の小川」のモデルとなった場所は，どこにあったのだろうか。

　田園の春の風景を想像させるこの歌は，作詞をした高野辰之氏が東京の代々木に流れる河骨川をイメージしてつくられたものであると言われている（藤田佳世『大正・渋谷道玄坂』青蛙房，1998年）。当時の河骨川は，水車が回る清らかな小川であった。高野氏はこの川のほとりの風景を愛し，娘を連れてよく散歩していた。彼の幼少を過ごした信州（長野）の自然を織り込んでつくった歌であると言われている。

指導計画（34時間）
　第1次　ご当地キャラで覚えよう47都道府県　　　　　　　　　　　　　　　　　　　　　　　　　　（7）
　第2次　ふるさと東京〈本小単元〉　　　　　　　　　　　　　　　　　　　　　　　　　　　　　　（27）
　　　第1時　春の小川はどこにあるの？　〈本時〉　　第2時　東京ってどんなところ？　　　（5）
　　　第3時　自然を生かした人々の生活　　（7）　　　第4時　伝統文化を生かす葛飾柴又　　（5）
　　　第5時　染め物のまち，新宿区　　　　（5）　　　第6時　他地域や世界とつながる東京　（2）
　　　第7時　東京のゆるキャラをつくろう！　（2）

小単元の目標
　東京都の特色ある地域の人々の生活や，人々の生活や産業と国内の他地域や外国とのかかわりについて資料を活用したり白地図にまとめたりして調べ，東京都の特色を考えるようにする。

現在の河骨川は，東京オリンピックの際，区画整理のため暗渠となり，道路や遊歩道になっている。そのために，当時の川の姿を実際に見ることはできない。しかし，最近では，2002年（平成14年）に始まった「『春の小川』合唱祭」

「春の小川」歌碑

高野辰之氏　住居跡

や，ＮＰＯ法人「渋谷川ルネッサンス」による「春の小川」の再生活動など，河骨川の近くに住む人々が中心になって，自分たちのふるさとの川を取り戻そうという活動が盛んになってきた。授業では，ふるさとを取り戻そうとするこれらの人々の思いや願いにも触れていきたいと考えた。

(1)本時の目標
　「春の小川」に関心をもつとともに，「春の小川」である河骨川の地理的な位置を地図で調べたり，「春の小川」の情景をイメージしたりしながら，東京のよさや親しみを感じるとともに，東京に住む自分たちにとってもふるさとが大切であることを考える。

(2)学習問題づくりのポイント
　授業の目標から考えると，学習問題は「ふるさととして東京のよさや親しみは何だろう？」「自分たちのふるさとはどこだろう？」などが考えられる。しかし，これでは，授業の展開がおもしろくないし，子どもの心をゆさぶることも追究意欲を引き出すこともできない。
　そこで，授業のきっかけとして，次の学習問題を立てる。

> 春の小川はどこにあるの？

　「春の小川」の歌を歌ったり，詩を味わったりしながら，自然豊かな田舎の風景をイメージする。そして，この学習問題を提示する。春の小川の情景を皆で共有した子どもたちは，いきなり思いもしない「混とん」の場面に追い込まれる。しばらくし，実は「春の小川」は東京にあったことを知ることになる。子どもは，その意外さに自分の考えをひっくり返される。
　すると，子どもは，なぜ東京の川をモデルにして高野辰之氏が「春の小川」をつくったのかという問題意識や「その理由を知りたい」「調べてみたい」という追究意欲が芽生えてくる。そして，これらの問題意識をベースにして「なぜ高野辰之氏は家の近くを流れる河骨川を見て，『春の小川』をつくったのだろう？」というこの授業の落としどころの問いにつなげていく。さらに，東京もふるさとのよさや親しみがあることや，ふるさと東京を大切にするという社会的な意味について認識を深めていく。

(3) 授業構造図

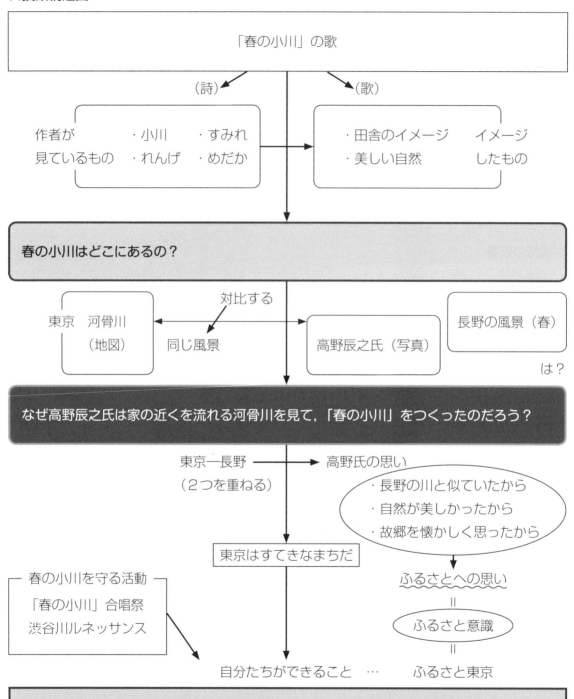

(4)**本時の展開**

学習活動と内容	資料	指導上の留意点（○）と評価（◆）
1　「春の小川」（CD）を聞き，のどかな小川の情景を話し合う (1)「春の小川」の歌を聞く (2)詩の言葉を手がかりにして「春の小川」が表している情景について話し合う ・自然がいっぱいだ ・きれいな水が流れている ・気持ちよい場所だ	・「春の小川」の歌（CD） ・教科書（3年） ・れんげ，すみれ，春の様子の写真	○実際に曲を聞いたり，歌ったりすることによって，関心をもたせる ○れんげやすみれの花や春の様子を表した写真を紹介し，イメージが膨らむようにする ◆「春の小川」に関心をもち，春の情景を思い浮かべることができる （表情・発言）【関・意・態】
2　「春の小川」のモデルとなった場所は，どこにあるのか話し合う 　　　春の小川はどこにあるの？ ・自然が豊かな場所ではないか ・東京のような都会ではない ・どこか地方ではないか ・こんな場所はあるのだろうか	・渋谷区の地図 ・河骨川の流域図 ・「春の小川」の碑の写真	○作者はこの場所が大好きで，愛着をもっていたことをとらえさせる ○子どもに意外性をもたせるために，のどかな小川の情景を意識させる
3　高野辰之氏が河骨川（渋谷川）をモデルにして「春の小川」をつくったときの思いを考える (1)「春の小川」の歌はだれが，いつつくったのかを知る ・1912年に小学唱歌の4年に発表され，後に3年に移された ・東京の代々木に住む高野辰之氏がつくった	・高野辰之氏の写真 ・「春の小川」の碑に書かれている説明の資料	○渋谷区の地図や写真を見て「春の小川」の場所を確認する ○高野辰之氏は東京の出身ではなく，長野県で生まれたことを知らせ，なぜ東京の代々木に流れる河骨川をモデルにしたのかという問題意識をもたせる

・自宅の近くを流れる河骨川（渋谷川）をモデルにしてつくった		

> なぜ高野辰之氏は家の近くを流れる河骨川を見て，「春の小川」をつくったのだろう？

(2)高野氏が河骨川を見て「春の小川」をつくった理由を話し合う ・自然が美しかったから ・自分の田舎の川と似ていたから ・川が好きだったから ・故郷を懐かしく思ったから	・当時の渋谷の写真	○なぜそのように考えたのか，詩を手がかりにして考えるようにする ○高野氏は「故郷」の作詞もしていることを紹介し，高野氏のふるさとへの思いを想像させる ◆高野氏が「春の小川」をつくった理由（東京のよさや親しみ）を考えることができる　　　　（発言）【思・判・表】
4　自分のふるさと（東京）に対して夢と愛着をもつことの大切さがわかる (1)「春の小川」を自分たちのふるさととして大切にしていこうとしている人たちの活動を知る （「春の小川」合唱祭） ・地域（代々木）の人々が歌を語り継ぐ活動を行っている ・代々木がモデルであったことを後世に伝える （渋谷川ルネッサンス） ・代々木がモデルであったことを後世に伝える	・「春の小川」合唱祭の資料 ・「渋谷川ルネッサンス」の活動の資料	○「春の小川」音楽祭，暗渠になった川を取り戻すために活動している「渋谷川ルネッサンス」のことを紹介する ○東京のような都会に住む人たちも自分の生まれたふるさとに対して思いが深く，大切にしていきたいと思っていることを気付かせる
(2)「春の小川」を大切にし，守り続けている人々の思いを話し合い，自分たちにとってのふるさとの大切さを考える ・東京には，こんな素敵な場所があったんだ ・自分も住んでいてよかった		○自分が生まれ育った東京をふるさととして大切にしたいという気持ちをもたせるようにする ◆東京に住む自分たちにとっても，ふるさとが大切であることを考える （ノート・発言）【思・判・表】

・もっと素敵な場所があるのかな ・もっと東京のことを知りたいな		

ココが授業の落としどころ！

　実際の授業では，「春の小川」を皆で歌ったり，「春の小川」はどこにあるのかについて話し合ったりしながら始めた。子どもたちは，詩を読みながら，「春の小川」を東京では見られない，のどかな田園風景としてイメージする。想像する中で，子どもたちは本当にどこにあるのかを知りたくなる。

　そこで，「春の小川」は，実は東京にあったという事実を知らせる。子どもたちは予想をひっくり返され，その意外性にびっくりし，好奇心をくすぐられるのである。

5年① 世界の水不足に対して日本は自給率をあげると十分か？
―これからの食料生産―

食料自給率が低い日本は，多くの食料を海外から輸入している。それは，バーチャルウォーターという形で海外から大量の水を輸入していることでもある。地球温暖化が進む世界では，水不足は深刻な問題である。にもかかわらず，日本は世界から大量の水を輸入しているのである。

一方，蛇口を回せばいつでも清潔な水を利用できる日本で暮らしている子どもたち。その中に，どれほど世界の水不足の問題について関心をもっている子どもがいるだろうか。

そこで，ここでは，このバーチャルウォーターと水不足という関係に着目して，自分たちの日々の生活を見直すとともに，食料自給率の問題を考えさせたい。

バーチャルウォーター（仮想水）とは，食料を輸入している国（消費国）において，もしその輸入食料を生産するとしたら，どの程度の水が必要になるのかを計算したものである。「仮想の」という意味の「virtual」と「水」を意味する「water」を合わせたもので，1990年代にロンドン大学教授のアンソニー・アラン氏がはじめて紹介した概念である。

例えば，1kgのトウモロコシを生産するためには灌漑用水として1,900ℓの水を必要とする。すると，牛はこれらの穀物を大量に消費しながら育つために，肉1kgを生産するためには，その約10倍もの水が必要になる。

1kgを生産するのに必要な水の量は？	
トウモロコシ	…1900ℓ
小麦	…2000ℓ
牛肉	…20700ℓ

指導計画（6時間）
第1時　食料自給率を上げるには？　　　　　　　第2時　環境に優しい安全な食料生産とは？
第3時　バーチャルウォーターと食料自給率〈本時〉　第4時　自分たちの食生活を見直そう！
第5時　今こそ私たちの出番だ！

単元の目標
食料自給率が低い日本がバーチャルウォーターという形で海外から大量の水を輸入していることを理解するとともに，世界における水不足の問題に対して私たちができることを新たな事柄や事象などと「関連付け」ながら考える。

つまり，食料の輸入は，形を変えて大量の水を輸入していることになる。すると，食料自給率が低い日本は，大量の水を世界から輸入していることになるのである。

　日本の食料自給率は約4割で食料の半分以上を輸入に頼っている。自給率が下がった大きな理由は，自給可能な米の消費の減少に加えて，小麦や畜産物の消費の増加など，食生活が変化したことが大きい。そのために，日本の最優先課題は，世界規模の不作など海外からの輸入ができなくなる場合に備えて国内の自給率を上げることである。

日本が1年間に使用する水	仮想水
約870億㎥	約640億㎥

　一方，世界における水危機が私たちに大きな問題を投げかけていることも忘れてはならない。人口の増加と都市化の波は，世界で1年間に使われる水の量をこの50年で3倍に増やすことになった。また，地球温暖化による気候の変化により，洪水と干ばつが繰り返し，水不足，水質汚濁など，水危機がますます深刻になっている。「水の惑星」と称される美しい地球の中で毎年180万人の子どもたちが死亡しているのである。

　世界における深刻な水危機は，実は日本にとっても身近な問題なのである。

(1)本時の目標

　食料自給率が低い日本がバーチャルウォーターという形で海外から大量の水を輸入していることを理解するとともに，世界における水不足の問題に対して私たちができることを，新たな事柄や事象などと「関連付け」ながら考える。

(2)学習問題づくりのポイント

　授業は，海外から輸入されたミネラルウォーターがどのくらい飲まれているのかを話し合うことから始めた。

　資料（ミネラルウォーターの売上高のグラフ）を見ると，ミネラルウォーターの売上高は年々増えている。特に2000年から2009年の約10年間で約2倍も増えている。また，日本でのミネラルウォーターの消費量は年間2000億円にものぼり，輸入されたミネラルウォーターの消費量も年々増加傾向である。

　しかし，日本でもミネラルウォーターをたくさん売っているのに，なぜ水をたくさん輸入しているのだろうかという疑問が生まれてくる。「人口が増えたから，飲む量が増えたのだろう」

「おいしいからだと思う」「健康によいから飲んでいるのかな？」など，健康志向が増えてきたことなど，10年前に比べて家庭の生活様式が多様化したことによる。

次に，黒板に「バーチャルウォーター」と書き，これは何かと問う。「バーチャル」という言葉は，ゲームなどでよく耳にする言葉ではあるが，子どもたちは，この言葉になかなかピンとこない。そこで，「バーチャルウォーター」とは，「仮想水」という意味で，「輸入した食料を国内で生産した場合，使う水の量」と説明した。

バーチャルウォーターの輸入量を示した資料を見ると，食料自給率が約4割である日本は，水も大量に輸入していることがわかった。つまり，日本は食料自給率が低いために，間接的にバーチャルウォーターを大量に輸入しているのである。しかし，一方で，日本には豊富な水資源があるのにもかかわらず，それらをわずか2割程度しか利用していないのである。子どもたちは意外な事実に耳を傾け，バーチャルウォーターについて関心をもってくる。

一方，このような豊かな日本に対して，世界の水危機はますます深刻な状況になっている。
そこで，水不足に苦しんでいる子どもたちの写真を見せて，「2025年には世界の人口が80億人になる。そのために，水の使用量はさらに増加する」「すぐに使える水は限りがある」「地球温暖化が水不足や食料危機を加速させる。世界の水危機は，日本の問題でもある」など，世界の水問題について理解を深めた。

そして，次のような学習問題を設定した。

> 世界の水不足に対して，バーチャルウォーターをたくさん輸入している日本ができることは食料自給率を上げることか？

子どもたちは，この問いに対して，当然のようにバーチャルウォーターの輸入を減らせばよいと考える。しかし，食料の約6割を輸入している日本が，すぐに食料自給率を上げることは容易ではないことがわかる。子どもたちは，この矛盾する問いに悩み，「混とん」の場面に入った。
そして，知恵を絞り出して次のような考えを生み出した。
「水をつくる機械を開発することを進める」
「日本は，技術面で貢献していけばよい」
「自分たちが毎日の食事の残飯を少なくするとよい」
など，新たな考えを生み出しながら，本時の目標に迫っていった。

(3) **授業構造図**

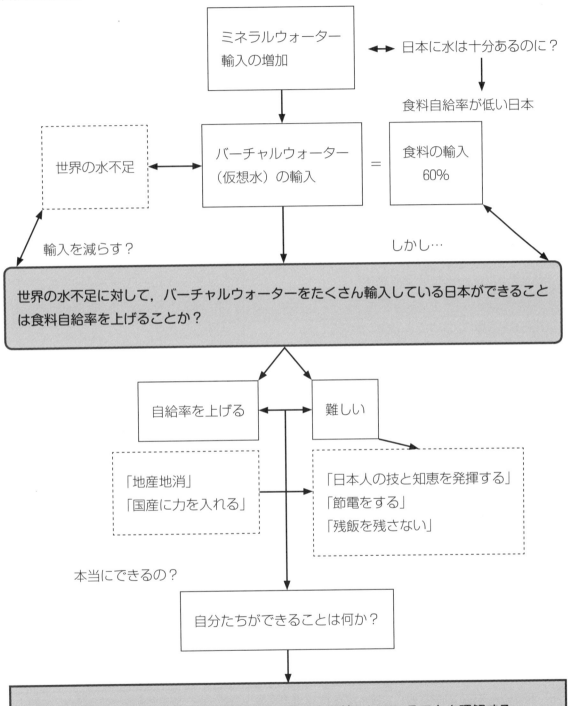

(4) **本時の展開**

学習活動と内容	資料	指導上の留意点（○）と評価（◆）
1　国内で消費されているミネラルウォーターの多くは，海外から輸入していることを知る ・日本でのミネラルウォーターの消費量は約2000億円である ・2000年〜2009年の9年間でミネラルウォーターの消費量が約2倍になった 2　食料自給率が約4割の日本は，バーチャルウォーター（仮想水）を大量に輸入していることを話し合う (1) バーチャルウォーターとは何か ・仮想水（目に見えない水）のこと ・輸入食料を国内で生産する場合の水の量 ・肉の生産にはたくさんの水が必要である (2) 食料自給率が低い日本は，バーチャルウォーターを大量に輸入していることを理解する ・日本の食料自給率は約4割である ・日本は水の輸入大国である ・日本は豊富な水資源を保有していながらそれらを2割程度しか利用していない (3) 世界において水不足の問題はますます深刻な状況になっている ・急激な人口増や都市化によって水の使用が増え続けている ・すぐに使える水は限られている ・地球温暖化などの気候の変化によって水不足や食料危機を招いている 3　世界の水不足の問題に対して日本ができることを話し合う	・ミネラルウォーター（輸入） ・ミネラルウォーターの消費量のグラフ ・バーチャルウォーターの輸入を示す資料 ・水不足に苦しむ人々の写真	○ミネラルウォーターの実物を提示し，学習意欲を高める ○資料を読み取り，ミネラルウォーター消費量が約10年間で約2倍に増えたことを理解させる ○「バーチャル」「ウォーター」などの言葉に着目することで，子どもの知的好奇心を引き出す ○表やグラフの読み取りを通して，食料自給率が低い日本はバーチャルウォーターを大量に輸入している国であることを理解させる ○世界の水問題は他人事ではなく，日本も深くかかわっていることを理解させる ◆食料自給率が低い日本が海外から大量の水を輸入していることを理解する （発言・ノート）【知・理】 ○子どもに価値判断をさせる場合，自分の理由や根拠をきちんともたせる

世界の水不足に対して，バーチャルウォーターをたくさん輸入している日本ができることは食料自給率を上げることか？	
（自給率を上げる）地産地消を奨励する，国産のものを買うようにする （難しい…他に方法は？）日本の水道局の技術を輸出するなど日本の技と知恵を世界に生かす，残飯を残さないような生活をする，節電を心がける	
4　世界の水不足の問題に対して自分たちができることは何かを考える ・毎日の生活を見直し，節水を心がけるようにする ・食べ残しをせず，ものを大事に使う	○バーチャルウォーターの輸入を減らすには自分の日ごろの生活や食生活を見直すことが大切であることに目を向けさせる ◆世界の水不足に対して自分たちができることを考える　　（発言・ノート）【思・判・表】

ココが授業の落としどころ！

「日本ができることは何か？」という学習問題では子どもは当たり前のことを発表して終わるので，一ひねりしたい。バーチャルウォーターを減らすには，食料自給率を上げるとよいが，なかなかできない。なら，どうするかと子どもに価値判断を問う問題である。そして，子どもの考えが単なる思い付きやひらめきで終わらないように，事実認識の段階を丁寧に扱い，世界の水不足の問題が自分たちの問題でもあることを意識させる。

5年 ② インターネットの記事は信用できるのだろうか？
―くらしを支える情報―

情報に関する学習では、情報産業についての学習や情報が生み出される仕組みを理解する学習だけではなく、情報化社会を生きていく子どもが情報に対して進んでかかわり、情報を道具として正しく使いこなせる資質・能力を身に付けることも大切にしたい。

本授業は、子どもが発信者として、または受信者として、情報によりよくかかわっていける力をはぐくむためにどうしたらよいかを提案する授業である。

インターネットを開けば、政治・経済・社会・国際問題から芸能スポーツまで、ニュース記事がわかりやすく記載されており、だれもがその時点での主なニュースを知ることができる。最近では、PCやスマートフォンの普及により、ますます容易に見ることができるようになった。また、どこにいても世界の様子が瞬時にわかるという速報性があり、便利である。

しかし、これらのニュースはどのような仕組みで流されているのだろうか。実はこのネットのニュースは、検索ソフトがニュースを選び出し、内容をテーマごとに並べ替えたものなのである。つまり、新聞を始めとする、様々なメディアの情報を転載しているのである。すなわち、伝える側が意図的に取捨選択したものではなく、機械的に並べられたものである。そのために、ネットに掲載されている情報を鵜呑みにするのではなく、ニュースの内容を慎重に判断するようにしたい。

指導計画（17時間）
オリエンテーション（大導入） （1）
第1次 情報の中に生きる （5）
第2次 情報ネットワークを生かす （4）
第3次 情報を上手に使いこなす （7）
　第1時 パソコンを上手に使うために　　　　第2時 情報を生かすのは、わたし
　第3時 インターネットニュースは信用できるのか？〈本時〉
　第4時 情報化社会で生きていくために　　　第5時 くらしの中の情報を見つけよう
　第6時 ネットショッピングについて調べよう　第7時 パソコンレポートをつくろう

単元の目標
　放送、新聞などの産業や情報化した社会の様子と国民生活のかかわりについて、調査したり資料を活用したりして調べ、我が国の情報産業や情報化した社会の様子を理解するとともに、情報化の進展は国民の生活に大きな影響を及ぼしていることや情報の有効な活用が大切であることを考える。

ところで，子どもたちは毎日たくさんの情報に囲まれて生活をしている。しかし，日々当然のこととして情報を利用しているために，身近な情報に「なぜ？」「どうして？」など素朴な疑問をもつこともなく，目の前にある情報を鵜呑みにする子どもが多い。

　そこで，本授業では，情報化の進展が私たちの生活に大きな影響を及ぼしていることを，子どもたちの日常生活から具体的な場面を教材として取り上げた。

(1)本時の目標
　新聞やインターネットのニュースの内容や構成の違いを比べ，その信頼性を話し合うことを通して，情報を読み取る力をはぐくむとともに，自分たちが情報を受け取る側として，情報をくらしに生かしていくためにはどうしたらよいかを考えるようにする。

(2)学習問題づくりのポイント
　授業の導入は，子どもと教材とのかかわりを結び付ける大事な場面である。本授業では，インターネットに関心をもたせるために，インターネットを利用したとき，困ったり失敗したりした経験を話し合うことから始めた。ここでは，インターネットが，自分たちの身近な生活に深くかかわっていることをしっかり意識させることがポイントになる。

　まず，2つの新聞のトップ記事を読み比べて，見出しや内容の違いを話し合った。

> 　2011年2月，日本相撲協会は，八百長問題を受けて，春場所を中止するかどうかに迫られた。その春場所の中止が決定される日，新聞ではその話題がトップ記事になった。

　2つの新聞を比べてみると，新聞の記事は新聞社によって違いがあることがわかった。
　新聞の「見出し」を見ると，大きな違いに気付く。「春場所中止」の後に，「へ」があるかないかである。些細なことであるが，この差で記事の内容が大きく違ってくる。A新聞の「春場所中止」だと「中止」と断言しているので，春場所は中止になったことになる。一方，B新聞の「春場所中止へ」だと「春場所は中止になりそうだ」「中止されるかもしれない」の意味になってしまうのである。
　子どもたちは「へぇー，そうなんだ」と口々に感心したようだった。そして，見出しだけでなく，リード，本文などを比べていった。新聞は，新聞社によって，読者にわかりやすく情報を伝えるために，文章の構成の仕方に工夫があることがわかった。

「A新聞とB新聞とでは，どちらを信用するか？」と，子どもたちに聞いてみた。「春場所中止」と主張するA新聞。「春場所中止へ」と微妙な主張のB新聞。子どもたちの主張も分かれたが，話し合ってもなかなか結論が出ない。

　そこで，「A新聞とB新聞の見出しが違う理由はなぜか？」とゆさぶった。すると，子どもたちは「新聞によって調べたことが違う」「新聞社が考えて，予想を立てたから」「読者を惹き付ける言葉を使って，新聞をたくさん買ってもらおうと思ったから」などと答えた。

　子どもは，同じ新聞でも新聞社によって書かれている内容や主張が異なることが理解できたようだ。新聞のニュースは，新聞社の紙面を比べてみて，その事実を判断しなければならないことをとらえることができた。

　そこで，インターネットのニュースを子どもたちに見せて，その信頼性について考えさせることにした。

> インターネットのニュースは，信用できるのか？

という学習問題を設ける。

　最初に，インターネットと新聞のニュースの違いについて話し合うことから始めた。
　「ネットは，時間が経つと内容が変わっている」
　「ネットは，いつも新しいニュース記事が掲載されている」
　「ネットは，『○○新聞』などの名前が文章の最後に書かれている」
　子どもたちは，新聞の見出しの学習を活用しながら，インターネットのニュースのよさは，どこにいても世界の様子を瞬時にとらえることができるという速報性にあることに気付いていった（テレビと比べて，見たいときに見ることができるという点も付け加えた。最近では，テレビもインターネットのニュースの機能が付いている）。

　しかし，現段階では，子どもたちは根拠となる資料を持っていないので，下のことを教師の方から補足した。

　最後に，インターネットのニュース記事を読むときにはどんなことに気を付けるとよいか，情報をくらしに生かすために，自分ができることは何かを話し合い，本時の目標に迫っていった。

・これらのニュースは検索ソフトが掲載するニュースを選び出し，内容をテーマごとに並べ替えたもので，ネットのニュースは，新聞の情報を転載しているのが多い
・ネットの情報は，伝える側が根拠をもって記載したものではないので，すべて正しいとは限らない

(3) **授業構造図**

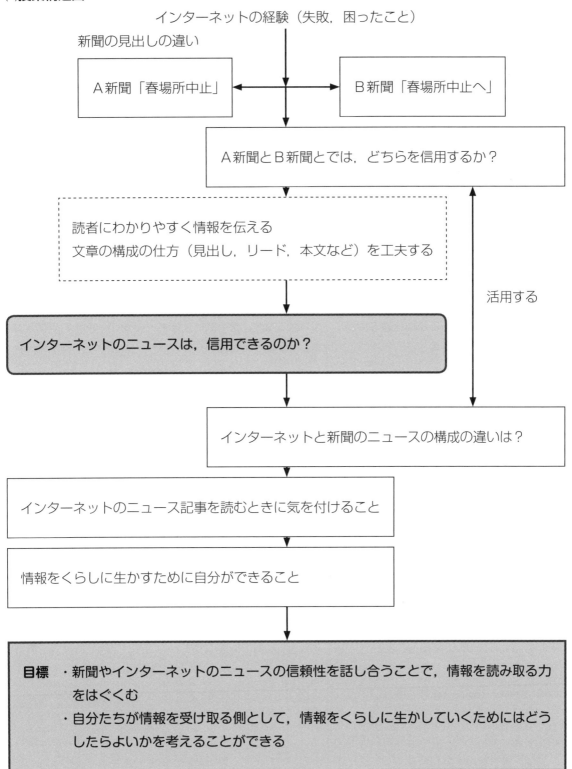

(4) 本時の展開

学習活動と内容	資料	指導上の留意点（○）と評価（◆）
1　インターネットを利用したとき，困ったり失敗したりした経験を話し合う 「情報が多くてわからない」「調べるのが大変だ」「時間があっという間に過ぎる」		○インターネットが，自分たちの身近な生活に深くかかわっていることを意識させる
2　2つの新聞（1面）のトップ記事を読み比べ，見出しや内容の違いを調べる ・同じニュースなのに見出しが違う ・新聞によってニュースの場所が違う ・書かれている内容は似ている		○新聞は，読者にわかりやすく情報を伝えるために，文章の構成の仕方に工夫があることを確認する ○同じ事件でも，新聞記事の見出しや内容に違いがあることに気付かせ，問題意識をもたせる ◆新聞のニュースの内容や構成の違いがわかる　　　　　　（発言・ノート）【知・理】
3　トップ記事の見出しがなぜ違うのか，その理由を話し合う ・新聞によって事実のとらえ方が違う ・新聞社の考えがわかる ・新聞を買ってもらうため	・拡大した2社の新聞紙	○新聞によって，情報のとらえ方や伝え方が異なるために，見出しや内容の違いがあることに気付かせる
4　インターネットのニュースを自分たちの生活にどのように生かすとよいかを話し合う	・翌日，事実が明らかになった朝刊	○新聞の違いを考えた視点を生かしながらインターネットのニュースの信頼性について考えさせる
インターネットのニュースは，信用できるのか？		
(1)インターネットのニュース記事の信頼性について話し合う 「だれもが見るところに載っているので信頼できる」「速く情報を知ることができるので間違いがあるかもしれない」「新聞にも違いがあるのだから信用できない」	・インターネットのニュース記事 ※拡大した画面	○話し合いを通して次の点をとらえさせる ・新聞はつくる側の視点からニュースの価値を判断し，それに沿って編集している ・検索サイトのニュースは，機械的に最新のニュースを選び出し，整理している ・検索サイトのニュースは，新聞やテレビのニュースを転載していることが多い
(2)インターネットのニュース記事の構成が新聞と違う理由を話し合う		○インターネットニュースは速報性に優れているが，事実関係をよく確認すること

「時間が経つと内容が変わっている」「いつも新しいニュース記事が掲載されている」「『○○新聞』などの名前が文章の最後に書かれている」	の大切さを考えさせる
(3)インターネットのニュース記事を読むときに気を付けることを考える ・記事の根拠が何かを確かめる ・記事をそのまま信じない ・他の情報手段によるニュースと比べるようにする	○根拠をもたせ，自分の考えをもたせる ◆インターネットニュースの信頼性を考えることができる（発言・ノート）【思・判・表】
5　情報をくらしに生かすために，自分ができることを考える ・情報を鵜呑みにしない ・誤報ではないかよく確かめる ・自分でよく考え，判断する ・他の人の受け取り方を参考にする	○情報の受け手が正しく判断することの大切さを考えさせる ◆自分たちが情報の受け手として，情報をくらしに生かしていくためにはどうしたらよいかを考えることができる （発言・ノート）【思・判・表】

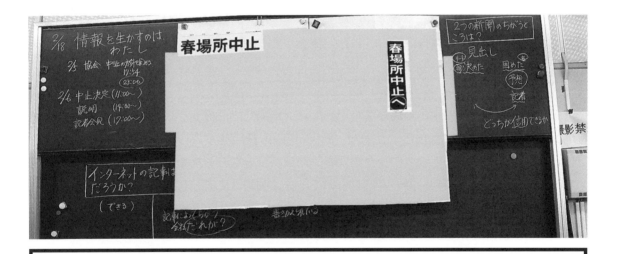

ココが授業の落としどころ！

　本授業は，新聞の見出しの違いを話し合うことで問題意識を高め，ネットニュースの問題に思考を連続させていくような構成になっている。子どもたちは，次々に関心を高めていくと思われるが，一般論として，他人事として授業を終わるのではなく，最後に自分だったらどうするのかという自分の考えをしっかりもたせることを忘れないようにしたい。

沖ノ鳥島は本当に島なのか？

―日本の国土―

　領土問題を取り上げた授業である。新しい社会科の教科書では，尖閣諸島や竹島が「日本固有の領土」と明記されるなど領土に関する記述が増えることになった。しかし，実際に授業を行うとなると，領土問題をどのように教えたらよいのかわからないのが，現場の声である。

　そこで，領土問題を教材化するためは，何をどの程度まで取り上げるとよいのかを探ることにした。

　日本は，資源に恵まれない小さな国だと，イメージしている人が多いと思われる。しかし，国土面積は世界で62番目の広さであるが，領海，排他的経済水域を合わせると，日本は世界の中でも上位の広さをもつ国になる。それは，日本が6852もの島をもつからである。このうち，6847が離島であり，これらの離島の周りに，広大な排他的経済水域や大陸棚が広がっているのである。

　ところが，最近の科学技術の進歩によって，この排他的経済水域の海底にメタンハイドレートと呼ばれる天然ガスの層や，ハイテク機器の製造に欠かせないレアアースなどの多くの海底資源が存在することが明らかになってきた。そのため，離島の存在に注目が集まり，領土の問題が生じてきている。

　そこで，長年の浸食によって島が沈んできた沖ノ鳥島を中心資料として取り上げ，領土問題を考えてみたい。島とは何かという問題。約285億円の費用を投入し，自然の風化や波の浸食を防ぐために島の周りに消波ブロックを置き，台風から島を守るためにチタン製の防護ネットで覆った日本政府や東京都の働き。これらのことを，国際法に照らし合わせながら自国の領土を守っていくことの大切さを考えてみたい。

指導計画（6時間）
- 第1時　　　日本の位置と領土の様子　　　　　　　　　　　　　　　　　　　　　　　　　（1）
- **第2時　　　沖ノ鳥島を守るためには？**　　　　　　　　　　　　　　　　　　　　　　　〈本時〉
- 第3～5時　領土問題とは何か？（北方領土，竹島，尖閣諸島）　　　　　　　　　　　　　（3）
- 第6時　　　国際社会の中で私たちができることは？　　　　　　　　　　　　　　　　　　（1）

単元の目標
　日本の領土について，地図帳や資料を活用して調べたり，調べたことを図や文章にまとめたりしながら，日本の領土について理解するとともに，日本の立場に立って領土問題を考える。

(1)本時の目標

沖ノ鳥島の様子を写真や資料を活用して調べたり，沖ノ鳥島が島かどうかを話し合ったりしながら，日本が領土を守るために努力していることを理解するとともに，領土問題を解決するためには何が大切なのかを考える。

(2)学習問題づくりのポイント

まず，西之島の写真から，島の形がスヌーピーに似ていることを紹介する。子どもたちは，スヌーピーという言葉に惹かれて身を乗り出してくる。そこで，西之島は小笠原諸島にあり，父島の西約130kmにあるなど地形や位置について確かめていく。そして，普通火山が噴火すると，自然災害を心配するはずなのに，西之島の噴火では，喜んだ人がいたことを知らせる。その理由は，火山の噴火によって島が広がると，排他的経済水域（領土）も増えるからであった。

これらの話は，子どもたちに日本の離島のこと，火山と離島との関係について興味や関心をもたせる布石になる。

次に，沖ノ鳥島の写真（中心資料）を見せる。すると，子どもたちは「えっ！」「何！」とその目を疑う。沖ノ鳥島は，子どもたちが知っている島とは違う姿だったからである。防護ネットに覆われ，コンクリートや消波ブロックで囲まれていた。その理由は，沖ノ鳥島の排他的経済水域には，コバルト，ニッケル，マンガン，プラチナなどのたくさんのお宝が眠っているので，島（＝領土）が浸食されないように守られていたからであった。

それから，このネットの下にある1mぐらいの高さの沖ノ鳥島の写真を見せ，「これは岩だ」と主張している国があることを知らせる。子どもたちも島なのか岩なのかわからなくなる。

そこで，次のような学習問題を立てる。

> 沖ノ鳥島は，島なのだろうか？

子どもたちは，「島である」「岩である」という2つの立場に分かれて問題を追究していく。しかし，子どもたちがもっている知識だけではなかなか結論が出ない。そこで，「沖ノ鳥島が島だというしっかりした根拠はあるの？」と子どもたちをゆさぶると，子どもたちは，自分の考えを裏付ける根拠がないことに気付く。

そこで，国連海洋法条約第121条を示す。子どもたちは，法律では何と決められているかという情報に飛び付いてくる。

島とは，
①自然にできた陸地
②水に囲まれている
③満潮のときに水没しない
ことを確認する。そのために政府は，沖ノ鳥島を沈まないように守っていることがはっきりした。しかし，第121条第3項の，人が住んでいるまたは経済的生活をしていないと島ではない（岩である）ことに関して異議を唱える国があるために，政府は法にしたがって灯台，港をつくる，珊瑚を育てるなどを計画的に行っていることがわかってくる。

　そこで，国際社会の法に基づいて，冷静に根気強く話し合うことや，国民一人ひとりが領土問題に関心をもつこと，他人事ではなく，自分たちの問題として意識することの大切さをつかませていく。最後に，東日本大震災後，一人ひとりが参画することの大切さを述べた安倍総理大臣の言葉を紹介する。そして，自分たちができることは何かを考え，授業の目標に迫っていく。

(3) **授業構造図**

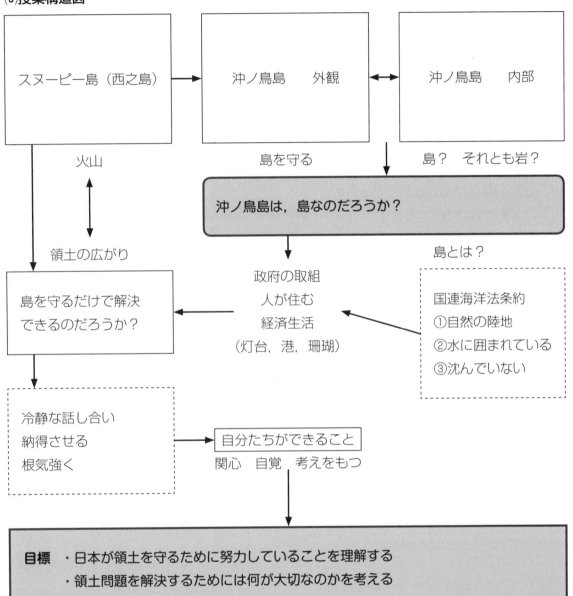

(4) **本時の展開**

学習活動と内容	資料	指導上の留意点（○）と評価（◆）
1　西之島の写真を見て話し合う ・スヌーピーみたいだ ・なぜ多くの人が関心をもったのだろう？ ・島ができると，よいことがあるのかな？ 2　日本が広い領土をもつためには，沖ノ鳥島の存在が重要であることがわかる (1)沖ノ鳥島の写真を見て話し合う ・金属やコンクリートで囲まれている ・真ん中はネットのようになっている ・ネットの下に島（岩）のようなものがある (2)沖ノ鳥島の写真（内部）を見て，沖ノ鳥島は島かどうかを話し合う ［沖ノ鳥島は，島なのだろうか？］ ・海に沈んでいないから島である ・人が住んでいないから島ではない ・島とは何かがよくわからない (3)沖ノ鳥島を守るために，日本はどのような努力をしているのかを確かめる ・島が沈まないようにしている ・観測所などの建物を整備している ・経済活動を行うようにしている 3　領土問題を解決するためには，何が大切なのかを考える ［国際社会の中で，領土問題を解決するためには何が大切なのだろうか？］	・西之島の写真（スヌーピーの形） ・地図帳 ・外国の新聞 ・沖ノ鳥島の写真 ・地図帳 ・排他的経済水域の資料 ・島の内部の写真 ・国連海洋法条約第121条（第1項，第3項）の条文	○島の形がスヌーピーに似ていたことから海外で話題になったことを紹介し，島について関心をもたせる ○この島の出現に，日本の人々が期待したわけを考えさせる ○沖ノ鳥島の位置を地図で確認する ○沖ノ鳥島がチタン製のネットで保護されていることに疑問をもたせる ◆日本の領土について関心をもつことができる　　　　（表情・発言）【関・意・態】 ○自分なりの根拠をもって，自分の考えを発表させる ○話し合いを通して，沖ノ鳥島の重要さを理解させる ○沖ノ鳥島を中心とした排他的経済水域には多くの資源があることを確認し，領土問題について考えさせる ○国連海洋法条約第121条（第1項，第3項）の資料を示し，島とは何かをとらえさせる ◆日本が領土を守るために努力していることを理解する　　（ノート・発言）【知・理】 ○領土問題は他人事ではなく，自分たちの問題としてとらえさせる

(1)日本がしなければならないことは何かを話し合う ・国際社会の法に基づいて話し合う ・感情的にならず，冷静に話し合う ・外交は，根気強く進めていく (2)自分たちができることを考える ・領土の問題に対して関心をもつ ・正しい情報を収集する ・じっくり考えて結論を出す	・安倍首相の話（国会にて）	◆領土問題に対して自分ができることを考える （ノート・発言）【思・判】

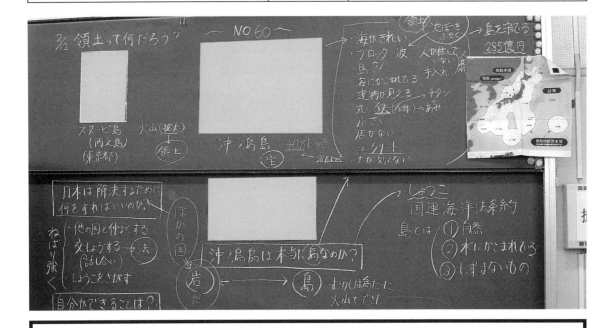

ココが授業の落としどころ！

　まず，子どもたちに島について関心をもたせたい。そのしかけとして，スヌーピーに似ているという西之島を取り上げる。また，火山噴火の恐ろしさとは対照的に，排他的経済水域の広がりに期待する人々の話。子どもたちは話に引き込まれていく。これは，島が存在することの重要さを考えていく布石になる。

　次は，授業の中心教材である沖ノ鳥島の写真。子どもたちは青々とした島ではないことにびっくりする。この意外性に，子どもは「なぜだろう？」「島はどこにあるのだろう？」という問題意識をもつだろう。ここで，学習問題を立てる。この学習問題は，島か岩かの二者択一の問いである。子どもはどちらかの立場に寄り添い，問題を追究していく。

大仏は何色だったのか？
―聖武天皇と奈良の大仏―

　小学校の歴史は，通史ではなく，人物を中心とした学習だと言われているが，未だに年表，語句などの歴史的事象を調べ，まとめて終わり…という授業が後を絶たないのが現状である。これでは，子どもの社会科嫌いは増えるばかりである。小学校の歴史学習は，歴史上の人物にスポットを当てて，その人の生き方に目を向けるなど，小学校らしい授業を展開したい。

　この授業では，聖武天皇という人物の生き方を考えることを中心にして授業を展開する。教科書に登場する為政者としての聖武天皇の姿だけではなく，農民や苦しむ人々の様子や天災に悩み，自分の生き方に対して模索している聖武天皇の姿に目を向けさせたい。

① 「開眼供養会」のときの大仏は完成していたのか

　752年4月9日，聖武天皇を始め，多くの人々が見守る中で大仏の「開眼供養会」が行われた。完成した大仏は，だれもが全身を金色に輝かせた大仏の姿を想像すると思われる。しかし，実際の大仏は金色に輝いていなかった。『続日本紀』によると，「開眼供養会」のときの大仏は，おそらく顔面（あるいはその一部分）だけが金メッキされていたのではないかと指摘されている。大仏全体を金メッキするには大量の金と水銀が必要になる。しかし，当時，日本では水銀は大量にあったが，金はほとんど産出されていなかった。

指導計画（10時間）
　第1次　聖徳太子が目指した国づくり　　　　　　　　　　　　　　　　　　　　　　　　　　　　(2)
　　　第1時　聖徳太子の政治と大陸文化　　　　第2時　大化の改新と天皇中心の新しい国づくり
　第2次　聖武天皇の願いと奈良の大仏　　　　　　　　　　　　　　　　　　　　　　　　　　　　(5)
　　　第1時　大仏づくりと行基　　　　　　　　第2時　聖武天皇はなぜ大きな大仏をつくったのか？
　　　第3時　大仏の色は何色だったのか？〈本時〉　第4時　鑑真と仏教の発展
　第3次　藤原道長と貴族の生活　　　　　　　　　　　　　　　　　　　　　　　　　　　　　　　(2)
　　　第1時　藤原道長と貴族のくらし　　　　　第2時　紫式部と清少納言（日本風の文化の起こり）
　第4次　天皇中心の国づくりへの歩み（新聞づくり）　　　　　　　　　　　　　　　　　　　　　(1)
単元の目標
　聖徳太子の業績や願いなどについて調べ，大陸の文化や技術を摂取しながら，天皇を中心とした政治が確立されたことや，日本風の文化が起こったことを理解できるようにする。

749年2月22日，途方に暮れていた聖武天皇に吉報が届く。陸奥国小田郡（宮城県）から黄金が発見されたのである（その金の量は必要量の4分の1にも達しなかったが…）。752年3月14日から金メッキの作業が始まる。752年3月21日ごろ，聖武天皇は「開眼供養会」を4月9日（正確には8日）に行うことを決断した。

　しかし，わずか数週間で大仏の金メッキを完成させることは困難である。しかも，金メッキするだけの金もたりない。それなのに，なぜ聖武天皇は大仏の完成を待たず「開眼供養会」を行うことにしたのか。時代を動かした聖武天皇の決意は何だったのか。ミステリーな謎が残る（実は金メッキの完成は757年であった）。

②**大仏の大きさを調べる**
　本単元では，はじめから，聖武天皇という人物の生き方に寄り添いながら学習を進めていくことにした。それは，本時の学習の最後に，聖武天皇の立場に立って「開眼供養会」の開催の決断について考えさせたいからでもある。

　まず，数人のグループで大仏の実際の大きさを調べ，校庭に大仏の実物大の絵を描く活動を行った。これは，子どもたちが大仏の大きさを実感するためである。この活動によって，子どもたちの中でなぜ聖武天皇は大きな大仏をつくろうと考えたのか？という疑問が生まれてくる。この疑問をベースにして，歴史的背景や内容を調べていく。

　実は，これらの調べた事実は，本時の活動での自分の考えの根拠につながる布石になる。つまり，この調べ活動は，後の学習のために，教師が意図的に仕組んだ調べ活動でもある。調べたことは，ロールプレイング的な手法を使って聖武天皇になり切って発表させた。これらの活動を通して，子どもたちは聖武天皇の考えを共有するとともに，聖武天皇の生き方に引き込まれていく。

(1)**本時の目標**
　様々な困難を乗り越えてでき上がった大仏ではあるが，金メッキの大部分が完成しなかったのにもかかわらず，なぜ聖武天皇が「開眼供養会」を行ったのか，様々な立場から聖武天皇の願いを考えることができる。

⑵ **学習問題づくりのポイント**

　本時では，まず，「開眼供養会」の華やかな様子を，資料を使って読み取ることから始めた。石ノ森章太郎氏が描いた「開眼供養会」の絵（大仏に目を入れるところ）を使って，「開眼供養会」とは何なのかを話し合った。

　次に，「大仏開眼」（寺崎広業，1907年）の絵画を見て聖武天皇（実際は上皇），光明皇后，称徳天皇の服装や様子を観察した。そして，聖武天皇がこの「開眼供養会」にどのような気持ちで参列しているかを話し合った。さらに，参列している貴族や外国人の様子などを読み取らせた。また，日本に仏教が広まったことを外国にアピールしたかったという事実にも触れた。

　「開眼供養会」の様子や聖武天皇の気持ちをイメージできたところで，「大仏は何色だったのか？」と問う。子どもは当然のように，「大仏は金色に輝いていたはずだから，金色だと思います」と答える。

　そこで，「大仏の色は本当に金色だったのか？」と子どもをゆさぶる。子どもたちは教師の問いが意外で，知的好奇心をむき出してくる。しばらく話し合った後，「陸奥国小田郡（宮城県）から黄金が出たこと」「金の量が必要量の4分の1にも満たなかったために，大仏の色はたぶん顔の周辺だけ金メッキが施されている銅色であったこと」を説明した。

　そこで，次のような学習問題を立てた。

> 聖武天皇は，大仏の金メッキが完成していないのになぜ開眼供養会を行ったのか？

　この学習問題は，本時の核心の問いである。と言うのも，自分が聖武天皇だったらどのような決断をするかを考えることは，子どもが歴史上の人物の生き方に迫ることでもあるからだ。

　聖武天皇の生き方に寄り添った子どもたちは，真剣に聖武天皇の立場に立って考え始めた。そして，次のような意見が出た。
・早く大仏に命を与えて世の中を平和にし，多くの人を救いたいと思う
・金が産出されるのを待って，大仏の全身を金色にして「開眼供養会」を行いたい
・金メッキが全部できなくても，自分が死ぬまでには「開眼供養会」を行いたい
　これらについて話し合い，最後に自分の考えをノートに書かせ，目標に迫ることができた。

(3) 授業構造図

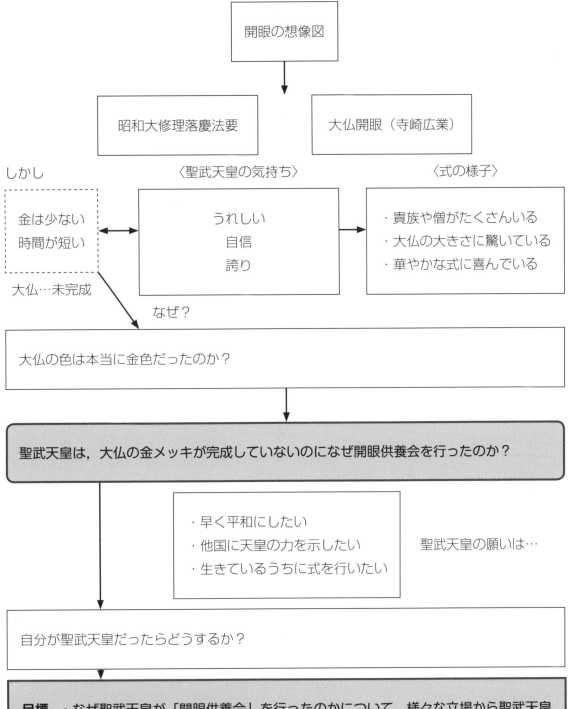

(4) 本時の展開

学習活動と内容	資料	指導上の留意点（○）と評価（◆）
1 大仏の「開眼供養会」の想像図などの写真や資料から，当時の華やかな式の様子を読み取るとともに，参列した人々の気持ちを話し合う ・貴族や僧がたくさんいる ・大仏の大きさに驚いている ・華やかな式に喜んでいる	・開眼の想像図（『日本の歴史』石ノ森章太郎） ・昭和大修理落慶法要の写真（教科書） ・大仏開眼（寺崎広業，1907年）	○開眼の想像図を用意する ○様々な人々が「開眼供養会」に参列していることを資料からとらえさせる ○気付いたことを基にして，参列している人々の立場に立って，その人たちの気持ちを想像させる ◆想像図を読み取りながら，開眼供養会の盛大さに関心をもつ （表情・発言）【関・意・態】
2 聖武天皇が「開眼供養会」を行っているときの気持ちを予想する ・やっと仏教の力で世の中が治まるぞ ・天皇の力を知らせることができるぞ	・ノート	○大仏建立の時代背景や聖武天皇の願いを基に参加した聖武天皇の気持ちを考えさせる ○既習の学習を想起させる
3 「開眼供養会」を行ったときの大仏は本当に金色だったのかを話し合う	・「開眼供養会」のころの年表	○想像図の大仏は金色でなく顔以外は銅色であったことをとらえさせる，時代背景を基に話し合わせるようにする ○聖武天皇の決意が天皇中心の国家体制の完成につながることを理解させる ◆聖武天皇の立場に立って，完成していないのになぜ開眼供養会を開いたのかを考えることができる （ノート・発言）【思・判・表】
聖武天皇は，大仏の金メッキが完成していないのになぜ開眼供養会を行ったのか？		
・早く世の中を平和にしたいと思ったから ・中国やアジアに天皇の力を示したいから ・自分が生きているうちに式を行いたい	・教師が集めた資料	
4 自分が聖武天皇だったらどのような決断をしたのかを考える ・「開眼供養会」を早く行い，天皇の力を示したい ・「開眼供養会」を早く行い，大仏のすごさを知らせたい	・開眼師に宛てた手紙（続日本紀）	○自分の立場を考えることで，聖武天皇の決意について考えさせる ○実際に聖武天皇の立場で判断させることによって，歴史に参画しているという意識をもたせる

・自分は，大仏の完成まで待って「開眼供養会」を行う	◆もし自分が聖武天皇だったら，どのようにするのかを考える （ノート・発言）【思・判・表】

ココが授業の落としどころ！

　「聖武天皇はどのようにして大仏をつくったのか？」という学習問題を立てた場合は，その当時の歴史的背景，大仏づくりの工程を含め，大仏づくりの様子などを調べ，携わった人数や材料について話し合いながら国家規模の大事業であったことを理解していく展開になる。また，「聖武天皇はなぜ大仏をつくったのか？」という学習問題を立てた場合は，歴史的背景を中心に調べる展開になる。さらに聖武天皇の願いに迫るには，『続日本紀』などの記述から，その言動や行動を探ることが必要になる。しかし，これは小学校としては高度な作業なので，とりあえず教科書や資料集の記述をノートに書き写すことになる。

　社会科の学習は，自分が調べた事実を基に，新しい価値に出会うような活動を展開することを大切にしたい。それは獲得した知識を基にさらに自分の見方や考え方を深めたり，広げたりすることである。また，小学校では単に知識の内容を深めるだけではなく，歴史上の人物の人生の選択や生き方に迫りたい。歴史上の人物については，ある学者が価値付けた人物の姿を理解するだけでなく，その人間的な特徴をその人の立場になって考えさせたい。そのために，時にはある程度資料を提示しながら，教師が授業を仕組むことも大切である。その場合，子どもに何をとらえさせ，何を考えさせるかを明らかにしておく必要がある。

6年② 義経は壇ノ浦の戦いでどのように戦ったのか？
― 源義経と壇ノ浦の戦い ―

　わくわくどきどきしながら，歴史のおもしろさを学ぶ授業を目指した実践である。小学校の歴史の学習は，歴史上の細かな出来事や年号を覚えさせるのではなく，歴史上の人物の生き方に共感することや，歴史のロマンを追究することを大切にしたい。

　壇ノ浦の戦い（1185年3月24日）は，関門海峡の壇ノ浦で源義経らが率いる源氏軍と平宗盛らが率いる平氏軍が戦った最終決戦である。この決戦によって，平家軍が敗れ，源頼朝を中心とする武士による政権が始まることになる。この戦いの勝因は，通説では潮の流れの変化によって源氏軍が勝利したと言われている。しかし，最近では，水夫を攻撃するという義経の奇抜な作戦や，有力武将が源氏へ寝返りしたことなどもクローズアップされてきた。

山口県側から壇ノ浦古戦場址を望む

　この授業で取り上げる「安徳天皇縁起絵図」は教科書にも載っているので，よく知っている人も多いと思われる。『平家物語』で語られている合戦中の名場面や，『平治物語』『源平盛衰記』などに即した様子が丁寧に描かれているので，壇ノ浦の戦いの様子がよくわかる。また，授業で取り上げる源義経は，だれもが知っている魅力的なヒーローである。死ぬことを少しも恐れず，苦労を苦労とも思わず，仇としての平家を討伐することに命を賭ける。また，情に厚く涙もろい。このような義経の生き方は，今なお多くの人々の心を魅了している。

　本授業では，「安徳天皇縁起絵図」を中心資料にして魅力的なヒーローである義経を取り上げ，「壇ノ浦の戦いとはどのような戦いだったのか？」「義経が勝った本当の理由は何か？」などを追究させていく。

指導計画（7時間）
　　第1時　武士の政治が始まる　　　　（1）　　第2時　源義経と壇ノ浦の戦い　〈本時〉
　　第3時　平清盛と武士の始まり　　　（1）　　第4時　源氏と平氏の戦い　　　（1）
　　第5時　源頼朝と鎌倉幕府　　　　　（1）　　第6時　北条時宗と元との戦い　（1）
　　第7時　竹崎季長と「ご恩と奉公」　（1）

単元の目標
　「源平の戦い」「鎌倉幕府の始まり」「元との戦い」について，人物の働きや代表的な文化遺産を中心に年表や絵図，資料などを活用して調べ，武士による政治が始まり，幕府が全国的に力をもったことをわかるようにする。

(1) **本時の目標**

「壇ノ浦の戦い」について，源義経の肖像画やエピソードを基に義経の生き方について話し合ったり，「安徳天皇縁起絵図」から戦いの様子を読み取ったりしながら，平氏と戦った源氏が勝利を収めたことを理解するとともに，武士の政治の始まりについて問題意識がもてるようにする。

(2) **学習問題づくりのポイント**

まず，NHK大河ドラマ「義経」の義経（滝沢秀明）の写真を子どもたちに示す。義経について知っていることを発表させた後，中尊寺に伝わる義経の肖像画と比べる。実際の義経（肖像画）は，子どもたちがイメージしていた義経ではなく，ただ，無精ひげを生やし，髪も乱れ，やつれ果てた義経であった。このギャップは子どもたちの知的好奇心を刺激する。そして，
「もっと知りたい」「本当なの？」という疑問が生まれる。このようなやり取りをしながら，「義経はどのような戦いをしたのだろう？」「どうして平氏軍を破ったのだろう？」という問題意識が高まっていく。そこで，次のような学習問題を立てる。

> 源義経は，「壇ノ浦の戦い」でどのように戦ったのだろうか？

子どもたちが考えた予想を解決するために「安徳天皇縁起絵図」を見て戦いの様子を読み取っていく。戦いの様子がある程度わかったところで，「義経が『壇ノ浦の戦い』で勝つことができたのはなぜか？」を考える。歴史が好きな子たちから「潮の流れが変わった」「水夫を攻撃した」という答えが返ってくると思われる。

ここで，「それは本当なのか？」と子どもをゆさぶり，義経が勝った理由は他にもあることを考えさせる。子どもたちは授業の展開にわくわくしてくるはずである。もう一度，絵図をよく見ることにする。海の上での戦いに目を向ける。すると，弓を使った戦いが主だったことが想像できる。さらに，両軍の船の数を比較したり，両軍の戦力などを話し合ったりすると，義経が勝った理由は，潮の流れだけではないということがよくわかってくる。このような矛盾や葛藤は，真実を解き明かそうとする意欲を引き出してくる。

そして，授業の落としどころの「なぜ平氏は，最後まで海の上で戦い続けたのだろうか？」に踏み込んでいく。最後に，新しい時代の始まりを義経の立場になって考え，授業の目標に迫っていく。

(3) **授業構造図**

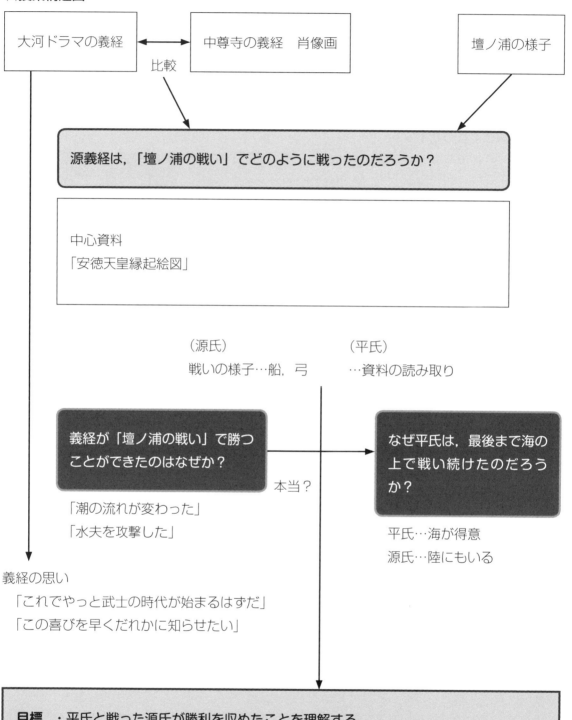

(4)本時の展開

学習活動と内容	資料	指導上の留意点(○)と評価(◆)
1　源義経の肖像画を見たりエピソードについて話し合ったりして義経の生き方に関心をもつ (1)義経はどういう人物であったのかを話し合う ・源義朝の子で母は常磐御前，幼名は牛若丸，頼朝，範頼の異母弟である ・鞍馬山で天狗に武芸を習う ・京都五条大橋で弁慶と出会う ・源平の戦いで，戦いの指揮をとる ・兄の頼朝と不仲になり，衣川館で襲撃される	・義経の写真（大河ドラマ） ・義経の資料，年表など	○義経は，イケメンのヒーローというイメージが強いことをとらえさせる ○義経の生い立ちやエピソードを話し合い，波瀾万丈な人生を生き抜いてきたことをとらえさせる
(2)義経の肖像画（中尊寺所蔵）と比べて，本当の義経はどんな人物だったのかを話し合う ・悲しい顔，やつれ果てた感じ ・鋭い目をしている ・ひげが生えている ・小柄な感じで，やせている (3)義経の活躍に関心をもち，学習問題を立てる	・「源義経肖像画」中尊寺所蔵	○悲劇のヒーローとしての義経の生き方は数々の伝説を生み，多くの人に語り継がれていることをつかませる ◆義経について関心をもつ （表情・発言）【関・意・態】

> 源義経は，「壇ノ浦の戦い」でどのように戦ったのだろうか？

学習活動と内容	資料	指導上の留意点(○)と評価(◆)
2　「安徳天皇縁起絵図」から壇ノ浦の戦いの様子を読み取り，義経の活躍を話し合う (1)戦いが行われた壇ノ浦について地図で確かめる ・本州と九州との間にある関門海峡で行われた	・壇ノ浦の写真，地図	○壇ノ浦の写真や地図を基に，戦いの場所を確認し，海上での戦いの様子をイメージさせる ◆絵から戦いの様子を読み取ることができ

・平氏の本拠地は彦島である ・義経は開戦前は満珠島，千珠島にいた		る　　　　　　（ノート・発言）【観・技】
(2)「安徳天皇縁起絵図」を読み取り，海上での戦いの様子を話し合う ・弓矢を使った戦い方をしている ・義経が八艘飛びをしている ・二位の尼が入水している ・建礼門院が熊手で助けられる ・海上で船と船が戦っている	・「安徳天皇縁起絵図」赤間神宮所蔵，第7巻「壇の浦合戦」，第8巻「安徳天皇御入水」	○全体（海上での戦い）と部分（目立つもの…舟，弓，旗など）に分けて読み取らせるようにする ○戦いのエピソードと結び付けながら，人物の活躍にも目を向けさせる
(3)義経が「壇ノ浦の戦い」で勝利した理由を話し合う		
義経が「壇ノ浦の戦い」で勝つことができたのはなぜか？		
・潮の流れが途中で変わったから ・義経が船を飛び移って戦ったから ・平氏の水夫を弓攻撃したから ・裏切った者がいたから		○潮流説はわかりにくいので，教師の方から補足する ○海で戦うことの有利な点，不利な点という見方で話し合うようにする
(4)平氏が最後まで海の上で戦い続けた理由は何だったのかを考える		○義経の独創的な発想に目を向けながら，人物の働きについて話し合うようにする ○平氏と戦った源氏が勝利した理由について理解を深めるようにする
なぜ平氏は，最後まで海の上で戦い続けたのだろうか？		
・海上での戦いが得意だったから ・陸上に敵がいたから戻れなかった ・源氏は海での戦いが苦手だったから ・海の戦いでは負けないと思ったから		
3　義経の立場になって「壇ノ浦の戦い」で勝利したときの気持ちを考える ・平氏の時代は終わり，武士の時代になる ・これから平和になってほしい ・頼朝にまず報告しよう		○「武士の政治が始まる」ということに関連付けて，壇ノ浦の戦いの意義について考えさせる ○「武士の政治」に対して問題意識をもたせる

		◆義経の立場になって，勝利したときの気持ちを考えることができる
		（ノート・発言）【思・判・表】

ココが授業の落としどころ！

　子どもたちがよく知る源義経は，テレビの中のイケメンの義経である。そこで，肖像画の義経と比べることから授業を始める。

　子どもたちは，自分たちがイメージしていた義経とは似ても似つかない姿にびっくりする。しかし，その意外性は「本物の義経とはどんな人だろう？」「義経はどのような活躍をしたのだろう？」という問題意識や「もっと知りたい」「事実を調べてみたい」という意欲を生み出すことになる。そこで，学習問題をつくる。

　この学習問題を切り口として，子どもを授業に引き込んでいく。「安徳天皇縁起絵図」を見て壇ノ浦の戦いの様子を読み取る中で，よく知らなかった船の戦い，逸話として語られてきた出来事などが子どもたちのイメージを広げていく。

　そして，後半に「本当に潮の流れが変わったことが源氏が勝利した理由なのか？」と，子どもたちのイメージをひっくり返す。子どもたちはドラマチックな展開にわくわくどきどきしながら，問題解決を行っていくと思われる。

信長が仏教を弾圧したのは仏教がきらいだったからか？
―織田信長と石仏―

　織田信長を取り上げた学習は，信長が行った政治を調べ，どのようにして全国統一を進めていったかをとらえさせることが主になる。例えば，「長篠の戦い」の絵図の読み取りから単元の学習問題を設定し，全国統一をするために信長がどのようなことを行ったかを調べ，そして，信長が果たした役割を話し合うという学習である。
　しかし，このような学習は，人物の業績と役割を調べるだけで終わってしまいやすい。

　そこで，本授業は，全国統一に関連した信長の業績と役割（基礎・基本）を調べるだけでなく，信長の決断のあり方について仲間と話し合い，自分が信長ならどうするかについて考えさせる。本単元では，織田信長の生き方に迫るために，次の4つのポイントを考えた。
①大うつけと言われた少年時代の信長の人間的な特徴をとらえる
②戦いの中で，鋭い観察力をもち，合理的な判断をする信長をとらえる
③信長の生き方と自分を比べる
④天下布武に表されているような信長の夢と目的をとらえさせる
　今回紹介するのは，③の授業である。

　安土城炎上から約420年の時が流れた。しかし，その発掘調査の結果がCGで再現され，2001年2月，NHKスペシャル「信長の夢・安土城発掘」として放映された。これによって，安土城の全貌が明らかになった。

```
指導計画（11時間）
    第1次  戦国大名と3人の武将                                              (2)
    第2次  織田信長と全国統一                                               (4)
        第1時  信長の一生と業績        第2時  信長は仏教が嫌いだったのか？〈本時〉
        第3時  信長の夢と決断
    第3次  秀吉と全国統一                                                  (2)
    第4次  家康と全国統一                                                  (2)
    第5次  3人の武将とその生き方                                            (1)
単元の目標
    信長，秀吉，家康の武将がどのように全国統一を進めていったかを調べるとともに，それぞれの役割や生き方について，人物の立場に立って考えることができる。
```

安土城の大手道の石段をよく見ると，いくつかの場所で，石仏が埋められているのがわかる。つまり，石仏を石段の材料に使ったのである。

　信長と言えば，一向一揆の平定を始め，比叡山延暦寺の焼き討ちなど仏教の弾圧が厳しく，イメージとして冷酷という姿がある。そのために，信長はよほど仏教が嫌いだったのではないかと思われている。ところが，安土城の天守

安土城の大手道

閣には，法隆寺の夢殿を思わせるような空間の中に「釈迦説法図」が描かれているのである。このことから考えると，信長が仏教をひどく弾圧したのは，仏教が嫌いだったのではなく，天下統一を阻む旧勢力に対する抵抗であったと考えることができる。

　本時では，石仏の写真と安土城について話し合い，信長と仏教の弾圧について調べていく。そして，安土城の天守閣の「釈迦説法図」（再現）を見せて「信長がこのような行動を行ったのは，仏教を信じていなかったからだろうか？」という問いをもたせる。話し合いを通して，信長は，仏教を信じていなかったから弾圧したのではなく，実は自分の夢を実現させるために，旧勢力を平定するために決断したのだという，信長の人間的特徴をとらえさせたい。さらに，「自分が信長ならどうするか」を考えさせ，信長という人物の生き方に共感させたい。

(1)本時の目標
　安土城の石仏や「釈迦説法図」の写真などを手がかりにして，信長の仏教に対する考え方を話し合うとともに，信長の生き方について自分の考えをもつことができる。

(2)学習問題づくりのポイント
①大手道の石仏
　まず，右の石仏の写真を示し，子どもに気付いたことやわかったことを自由に発表させる。はじめは「頭みたいなものが２つあるようだ」「よく見ると，人みたいだ」「お地蔵様かもしれない」のように石に着目させる。そして，「これはどこにあるのだろう？」「何のためにあるのだろう？」など問いながら周りの様子に関心をもたせるようにしていく。

大手道の石仏

　子どもたちが様々な見方を発表した後，大手道の写真を見せ，「石仏は大手道のどこにあるのだろう？」と問う。子どもたちは２枚の写真を結び付けながら石仏の場所を夢中に探し始める。しかし，なかなか見つけることができない。そこで，「この石段にあるのです」ともう少し離れて撮った石仏の写真を示した。信長は仏を石段にしたのである。子どもたちはその意外性にびっくりする。中には石仏が何かを知らない子どももいるので，石仏とは石でできた仏像

であることをきちんと押さえておきたい。

②**信長と仏教の弾圧**

　信長が石仏を大手道の石段の材料としたという事実に出会い，子どもが信長と仏教のつながりに関心をもったところで，信長が全国統一するために，仏教に対してどのような弾圧をしてきたかを調べていく。

　子どもたちに右の年表を配付し，信長が仏教とかかわっている出来事に印を付けさせた。これらの歴史的出来事については，教師の方から簡単に説明を加えた。

1571年	延暦寺の焼き討ちを行う
1574年	長島一向一揆を討つ
1579年	石山本願寺を降伏させる

信長の年表

③**信長の考え方を話し合う**

　信長と仏教について，子どもたちの問題意識を高まったところで，次の学習問題を示した。

> 信長が仏教を弾圧したのは，仏教が嫌いだったからか？

　信長の年表や業績を基にして，仏教に対する信長の考えについて話し合う。「仏教が嫌いだったからか？」という問いに対して，子どもたちの意見は「延暦寺の焼き討ちなど仏教を弾圧しているので，仏教が嫌いだったのだろう」「信長は冷酷な人だったから，仏教に限らず滅ぼしていったのではないか」「信長は全国統一を行うことが第一だったので，仏教が嫌いだったわけではない」など賛成，反対の２つの立場に分かれると思われる。

　しかし，大手道の石仏，信長の年表，信長の人柄などの資料から，子どもたちの考えは「信長は仏教が嫌いだった」が大半を占めてくると思われる。

④**安土城の「釈迦説法図」（再現）**

　子どもたちの意見が出つくしたところで，安土城の「釈迦説法図」（再現）を示した。冷酷だった信長ではあるが，仏の絵を安土城に飾っていたという事実を考えると，子どもたちは「安土城に仏を飾っているので，信長は仏教を否定していたわけではない」「信長は何か別の考えがあって，石仏を石段にしたのだろう」など信長が仏教を嫌っていなかったのではないかという考えに変わっていった。こうして，子どもたちは，信長という人物に対して共感的な理解を深めることができた。

⑤**もし自分が信長だったら？**

　全国を統一するために，反対勢力に立ち向かう信長の姿を学んだ後で，もし自分が信長だったら，信長のように仏教を弾圧するかどうかを話し合い，自分の考えをもたせることにした。このことによって，子どもたちは本時の目標を達成することができた。

　最後に，信長が好きだった「敦盛」の一節と，江戸時代の新井白石の言葉を紹介し，信長の考え方に触れることにした。

「人間五十年，下天の内をくらぶれば，夢幻の如くなり」（敦盛）
「延暦寺の荒法師は，権威を盾に真の仏法を忘れ，民に対して横暴を極めていたのだから，信長公の行為は間違っていない」（新井白石）

(3) **授業構造図**

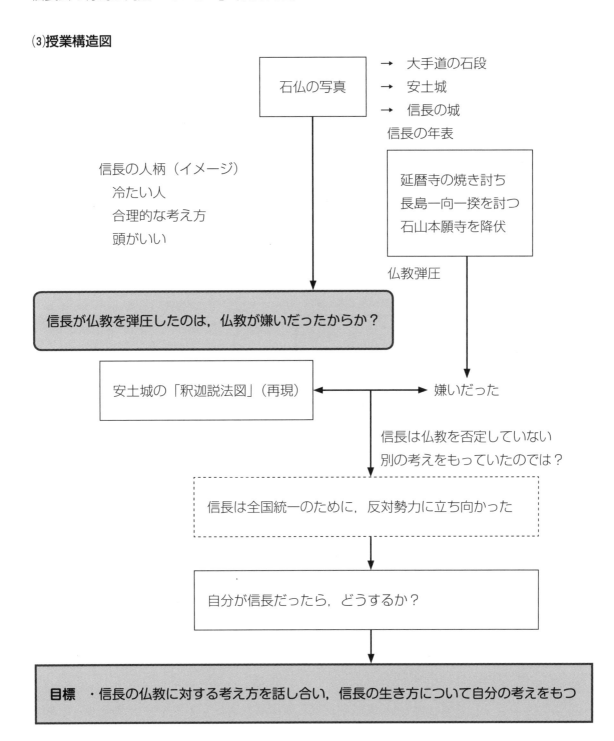

(4) **本時の展開**

学習活動と内容	資料	指導上の留意点（○）と評価（◆）
1　1枚の石仏の写真について話し合い，安土城の大手道の石段に使われていることがわかる ・石に仏が描いてあるようだ ・これはどこにあるのだろう ・何のためにあるのだろう	・大手道の写真 ・石仏の写真 ・安土城の想像図	○写真をよく観察し，石でつくられているものであり，石仏が彫られていることをとらえさせる ○普通なら石仏はどういうところにあるか，また，どのようなことに使われているかを知らせる ◆大手道の石仏に関心をもつ （表情・発言）【関・意・態】
2　信長の年表を基に，信長は仏教に対して弾圧してきた事実を確かめる 1571年　延暦寺の焼き討ちを行う 1574年　長島一向一揆を討つ 1579年　石山本願寺を降伏させる 3　学習問題を立てる 　　信長が仏教を弾圧したのは，仏教が嫌いだったからか？ (1)仏教に対する信長の考え方を話し合う ・これだけの弾圧をしているのだから仏教をなくそうと思っていたのだろう ・信長は冷酷な人だったと言うからきっとそう思っていたのだろう (2)安土城の「釈迦説法図」（再現）を見て信長の仏教に対する真意を知る ・信長は仏教を否定していたわけではない ・信長は別の考えがあったに違いない 4　自分が信長だったら信長のように仏教を弾圧するかどうかを考える	・信長の年表 ・「釈迦説法図」（再現）	○これまでの学習の中で信長について調べたことなどを参考に，具体的に話し合うようにする ○信長の年表や信長が行った事実を基に，信長の考えについて話し合わせる ◆仏教に対する信長の考えを考えることができる　（ノート・発言）【思・判・表】 ○安土城天主六重目にある「釈迦説法図」（再現）を見せることで，子どもの考えをゆさぶる ○全国を統一するために，反対勢力に立ち向かう信長の生き方について自分なりの考えをもたせる ◆自分が信長だったらどうするかを考える （ノート・発言）【思・判・表】

ココが授業の落としどころ！

　導入として，大手道の石仏の写真を読み取る活動を取り上げ，子どもの知的好奇心を引き出す。これまでに学習した知識や年表などを手がかりに，信長が仏教を弾圧していったことを確認しながら，信長の考えに問題意識をもたせていく。

　次に，学習問題「信長が仏教を弾圧したのは，仏教が嫌いだったからか？」を提示する。前段の学習が布石となり，子どもたちの予想は「信長は仏教が嫌いだった」が大半を占めるはずである。

　そこで，安土城の天守閣の「釈迦説法図」（再現）を提示する。子どもたちは自分たちが考えてきたことがひっくり返され，信長の真意は何だったのか無性に知りたくなる。信長は仏教が嫌いだったから弾圧したのではなく，実は自分の夢を実現させるために，旧勢力を平定するために決断したのだという考えを知った子どもたちは，自分たちがイメージしていた信長の姿との違いに共感するはずである。

　また，「自分が信長だったら，どうするか？」という信長の立場で考えることで，信長の生き方にさらに共感していくと思われる。

【著者紹介】

山下　真一（やました　しんいち）
1959年生まれ，福岡県北九州市出身
東京学芸大学教育学部卒業
東京都内公立小学校を経て，現在筑波大学附属小学校教諭
筑波大学，武蔵野大学　非常勤講師
教科書『小学社会』（教育出版）執筆者

〈著書〉
・『子どもの豊かさに培う共生・共創の学び　社会』（共著，東洋館出版社）
・『小学校社会科　授業づくりと基礎スキル　3年編』（東洋館出版社）
・『筑波発　社会を考えて創る子どもを育てる社会科授業』（共著，東洋館出版社）
・『絵地図づくりで私たちの町がぐーんと身近になる地域学習』（学時出版）
・『社会のなぞ』（草土文化）
・『社会のなぞ2』（草土文化）
・『社会科好きの子どもを育てる授業』（共著，初等教育研究会）
・『よのなかのふしぎこどもずかん』（共著，学研教育出版）

「授業構造図」でよくわかる！
小学校社会科
はじめての問題解決的な授業づくり

2016年4月初版第1刷刊 Ⓒ著　者　山　下　真　一
　　　　　　　　　　　　発行者　藤　原　光　政
　　　　　　　　　　　　発行所　明治図書出版株式会社
　　　　　　　　　　　　　　　　http://www.meijitosho.co.jp
　　　　　　　　　　　　　　　　（企画・校正）赤木恭平
　　　　　　〒114-0023　東京都北区滝野川7-46-1
　　　　　　振替00160-5-151318　電話03(5907)6701
　　　　　　ご注文窓口　　　　　電話03(5907)6668
＊検印省略　　　　　　組版所　株式会社カシヨ
本書の無断コピーは，著作権・出版権にふれます。ご注意ください。

Printed in Japan　　　　　ISBN978-4-18-199615-4
もれなくクーポンがもらえる！読者アンケートはこちらから →